VinoBusiness

Isabelle Saporta

VinoBusiness

Albin Michel

*À tous ces vignerons grands ou méconnus
qui, au quotidien, se battent pour leur vin,
ce livre doit beaucoup.*

Introduction

Nous sommes en 2014 après Jésus-Christ. Tout l'Hexagone est désormais prétendument régi par les lois égalitaires de la République... Tout ? Non ! Une principauté d'irréductibles dieux du vin résiste encore et toujours aux lois du commun. Son nom ? VinoBusiness, l'empire des grands crus classés.

Ce fief richissime ne répond qu'à ses propres règles. Incroyablement roués et matois, ses chefs gaulois ont su les édicter en adoubant leurs grands juges, en cooptant leurs notables et en feignant de se soumettre à des arbitres de carton-pâte.

Ce royaume est à l'image de celui de France dans ce qu'il a de plus noble... Et de plus détestable. Un savoir-faire divin, un extraordinaire sens des affaires au service des intérêts de quelques privilégiés. Une microsociété moyenâgeuse, cruelle mais raffinée, avec ses manants et ses princes. Ses gueux et ses seigneurs.

Sur les terroirs grandioses de la viticulture française se jouent ainsi tous les actes d'une irrésistible tragi-comédie sur fond d'argent roi, avec ses héros, ses mégalos et ses salauds. Car derrière les étiquettes prestigieuses de nos plus grands crus se dissimulent tous les ingrédients d'un impitoyable *Dallas* hexagonal. Les rivalités vont bon train, les haines viscérales sont ancrées au plus profond de chacun des acteurs de ces petits drames de la grande bourgeoisie. De drôles de personnages décidément prêts aux pires coups bas pour sortir vainqueurs de leurs intrigues.

Mais chut... Le silence est de mise car les enjeux sont colossaux. Le vin, véritable or rouge, est devenu le pétrole moderne. Et personne – ou presque – n'aurait l'outrecuidance de s'élever contre le diktat des quelques roitelets qui imposent leur magistère. Car ceux qui oseraient se rebeller contre les règles tacites de cette société si policée du dehors et si rude du dedans le paieraient de leur bannissement immédiat, autant dire de leur mise à mort économique.

Cet ouvrage est une expédition au sein de ce cénacle fermé où tout se joue à pas feutrés. Un voyage au cœur du raffinement et de la perversité. Une plongée en terres de vin dans les méandres de cette petite république où les critiques sont, trop souvent, devenus des courtisans et où les vignerons ont laissé leur place à des faiseurs de vin volants qui sillonnent le monde pour y porter la bonne parole.

En une trentaine d'années, nos plus grands crus ont ainsi abandonné leur charme suranné pour se métamorphoser en véritables blockbusters qui s'échangent à des prix indécents sur un marché mondialisé. Un placement rentable qui a poussé nos grands patrons à investir massivement dans les vignes, faisant ainsi littéralement flamber les prix des terres. Et disparaître les petits vignerons.

Hier paysan, cet univers s'est aujourd'hui converti au règne du bling-bling.

Prudent, il a su néanmoins dissimuler sous le tapis des convenances tous les secrets gênants de ce joli petit monde. Des pesticides dans nos plus grands crus ? Des classements suspects ? Un État complice ? Des appellations aux critères mystérieux ? Impensable ! Et pourtant...

Le propre des secrets n'est-il pas de toujours ressurgir au moment où l'on s'y attend le moins ?

1.

Un si joli petit monde :
la fête de la Fleur

Talkies-walkies, barrières, bodyguards. Le lieu est mieux gardé encore qu'une garden-party de l'Élyséc. Les invités sont priés d'abandonner leur véhicule. Une armée de jeunes filles vêtues de robes blanches court derrière chacun des convives, un parapluie à la main pour leur éviter d'être trempés. On les conduit aux petites voiturettes qui vont les acheminer jusqu'au château. L'agitation est à son comble. Une berline noire fend la foule et seule a l'heur de pouvoir entrer dans la cour. La voiture s'arrête, Carole Bouquet en sort, sublime. Bienvenue à la fête de la Fleur.

C'est le saint des saints. THE place to be in Bordeaux. Surtout les années comme celle-ci, où la grande soirée organisée par la Commanderie du Bontemps, qui regroupe toute la jet-set viticole du Médoc et de la rive gauche, clôture Vinexpo, le plus important salon du vin.

À Bordeaux comme nulle part ailleurs, on sait allier business et communication. VIP et gros négoce. Image et argent. Il faut dire qu'en une trentaine d'années, ce monde très fermé s'est littéralement métamorphosé. Les vieux notables ont laissé place à des investisseurs fortunés ; les vignerons à l'ancienne se sont effacés devant les grands patrons ; et les propriétaires old school ont été remplacés par des stars de cinéma. En trois décennies, le business a changé de dimension. Chargés de communication, promotion, gros capitaux ont envahi les vignes. Et les confréries, ces vieux bastions de la bourgeoisie bordelaise où les édiles locaux aimaient tant se retrouver entre eux, offrent désormais des mondanités dignes des plus fastueuses avant-premières d'Hollywood.

Cette année, la fête de la Fleur se tient à Saint-Julien-de-Beychevelle au Château Lagrange, propriété du groupe japonais Suntory, l'un des mastodontes mondiaux des boissons alcoolisées et des soft drinks (propriétaire notamment d'Orangina Schweppes Group). Un lieu magique, symptomatique d'une époque où les capitaux ont investi les vignes et les businessmen, remplacé les vignerons.

Sous les lustres et les dorures, derrière le faste de ces agapes à plus d'un million d'euros, c'est ici que se jouent le business et la renommée. Aucun négociant qui se respecte, aucun viticulteur de renom ne peut se permettre d'être absent. Et pourtant les places sont chères, très chères. Les commandeurs (membres de la Commanderie du Bontemps) paient 5 000 euros pour une table de dix convives. Malgré ce prix exorbitant, tous se précipitent pour déposer leur chèque et avoir leur table afin de pouvoir inviter les people, les gros clients, les gens à qui l'on doit un renvoi d'ascenseur... Dix petites places qui vous font courtiser par tous ceux qui rêvent d'entrer dans l'Olympe viticole. Dix petites places qui vous permettent de faire étalage de votre pouvoir, de remercier ceux à qui vous devez beaucoup. Les grands critiques de vin sont d'ailleurs assis aux meilleures tables. On y croise Jean-Marc Quarin, critique bordelais qui aime à clamer son intégrité tout en consentant à se rendre dans les sauteries mondaines. Ou James Suckling, l'Américain, ancien du *Wine Spectator*, l'une des revues majeures du sérail. Suckling se définit comme un surfer hollywoodien tombé dans le vin. Il y a quelques années encore, il clamait également son amour pour Berlusconi, sa détestation de la France et de son équipe de foot paresseuse. Et assénait que Bordeaux était has been[1]. Il a, semble-t-il, changé d'avis depuis… Autant de journalistes intègres et insensibles à l'attrait du pouvoir et du luxe.

Quelques tables plus loin, on aperçoit Michel Rolland, l'homme qui a inventé la profession de winemaker, de consultant du vin. Souvenez-vous, c'est lui, l'homme au pouvoir quasi méphistophélique que l'on voyait dans *Mondovino* à l'arrière de sa voiture, commandant son chauffeur comme il commande aux vignes.

On y rencontre également les plus grands directeurs de domaines, comme Pierre Lurton, patron de Cheval Blanc et d'Yquem. Tous les propriétaires bordelais les plus prestigieux sont ici… On est entre soi. Nombreux, mais pas trop. Une clique triée sur le volet.

Cette année, il n'y avait que mille cinq cents couverts et la concurrence fut rude pour avoir droit de cité. Jusqu'à la veille, on joue des coudes pour en être. « J'ai entendu qu'à la table de tel château, il restait

---

1. *Mondovino*, le film de Jonathan Nossiter.

encore une place, me glisse ce Bordelais inquiet de ne pas avoir été convié... Je vais les appeler ! » On s'incruste, ou tout au moins on essaie. Car si votre présence n'est pas forcément notable, votre absence sera forcément remarquée.

Un négociant, Bernard Pujol, gérant de la maison Bordeaux Vins sélection, en a fait l'amère expérience. L'homme est handicapé depuis un grave accident de bateau. Malgré sa claudication, il était parti séance tenante, à peine son invitation reçue, à « acheter une table », pour réserver sa place et celles de ses futurs invités. Las, le bonhomme n'est pas assez prestigieux. Son négoce, insuffisamment florissant, juge-t-on. Et sa candidature n'a donc pas été retenue. Ivre de rage d'avoir perdu la face devant deux de ses plus importants clients, la SAQ (la Société des alcools du Québec) et Auchan, qui lui réclamaient d'être invités, il a décidé d'assigner le grand maître de la Commanderie du Bontemps devant le tribunal de grande instance de Bordeaux. « Je passe pour un rigolo vis-à-vis de mes clients, pour un mec qui n'a pas le bras long, et c'est mauvais dans les affaires[1]. » Du coup, il réclame 500 000 euros de dommages et intérêts. Mais il saura abandonner sa procédure à temps si la Commanderie entend ses arguments. « Ils les entendront, il suffit de leur mettre suffisamment la pression[2] », sourit le négociant.

Dans cet univers faussement feutré, vous exclure du paradis, vous empêcher d'y accéder, c'est vous mettre à mort économiquement.

---

1. Entretien du 24 juin 2013.
2. Entretien du 30 septembre 2013.

Le jour de la fête, on cherchait l'intrus pour être certain qu'il n'avait pas osé pointer son nez. Il est resté hors les murs. Et la fête a pu donner sa mesure.

Pour supporter d'être en marge de ce charmant petit monde, il faut avoir un caractère bien trempé. Quelques bad boys autoproclamés se font ainsi une fierté de boycotter « ces grands raouts de la haute ». C'est le cas notamment de Stéphane Derenoncourt, consultant mondialement reconnu. Chaque année, il organise, comme un pied de nez au milieu bordelais, une contre-fête de la Fleur avec les maîtres de chai, autant dire les petites mains qui se cachent derrière la fabrication des grands vins. « La fête des gueux », se plaît-il à souligner. L'homme n'a pas oublié d'où il vient. Arrivé de son Nord natal après une adolescence agitée, il débute tout en bas de l'échelle par les petits métiers de la vigne. En une vingtaine d'années il passe d'ouvrier viticole à vinificateur que le monde entier s'arrache. Refuser d'aller à la fête de la Fleur, c'est faire un bras d'honneur à cette gentry qui l'a si mal accueilli quand il n'était encore qu'un sans-grade, autant dire, pour ce microcosme, un second couteau qui n'a pas sa place à table.

Ce soir-là, Carole Bouquet, marraine de la soirée, était à peine descendue de sa voiture que la Commanderie l'intronisait. Elle a eu droit à cet insigne honneur non seulement en tant qu'actrice célèbre, mais aussi comme viticultrice sur l'île sicilienne de Pantelleria. Elle y fabrique un vin qui, à en croire Michel Rolland, vaut d'être bu là-bas, en présence de la belle, mais ne supporte pas d'être rapporté sur la terre ferme... Un jugement bien sévère ! Qu'importe ! L'image et la viticultrice sont parfaites. Deux autres actrices, Michelle Yeoh, l'une des James Bond Girls, et Anna Mouglalis, égérie de Karl Lagerfeld, ont eu droit également à revêtir la lourde robe de velours bordeaux. Assise un peu plus loin, Karembeu. « Adriana ? », demande ce tonnelier soudain grivois. Non, son ex-mari, Christian. Déception.

Des actrices en quête d'image, l'ambassadeur du Japon, mais surtout des dizaines de très gros clients, importateurs ou négociants chinois. Bref, tous ceux qui font aujourd'hui le marché bordelais et qui ont rendu ces crus éminemment spéculatifs. La fête de la Fleur, aujourd'hui sous le signe du lotus, est là pour remercier et honorer ceux qui font vivre Bordeaux. Or ce vignoble d'exception vit à l'heure de l'empire du Milieu depuis que la Chine boit rouge…

Quelques jours auparavant, sous des auspices météorologiques plus cléments, se tenait la Jurade de Saint-Émilion. La même fête, côté rive droite. La même en moins bien, la rive droite n'ayant pas les moyens du Médoc. C'est en tout cas ce que murmurent les mauvaises langues du coin (et elles sont légion !). Mais Hubert de Boüard, premier jurat de la confrérie de Saint-Émilion, propriétaire d'un des plus grands crus classés, Angélus, n'en démord pas. Saint-Émilion a l'histoire, le savoir et la culture, quand le Médoc est une jurade de commerçants, pour ne pas dire de parvenus.

En attendant, Saint-Émilion n'aura su attirer ni Michelle Yeoh, ni Anna Mouglalis, ni encore moins Carole Bouquet. Le seul acteur qui ait daigné se déplacer est Stéphane Henon, celui qui campe le policier dans *Plus belle la vie*, le feuilleton franchouillard de France 3.

Les traders chinois et américains sont aussi à l'honneur dans ce petit village classé au patrimoine mondial de l'Unesco. Ici aussi, on ne remercie pas les vignerons mais les businessmen. On adoube les faiseurs d'argent, ceux qui irriguent les vignes de leurs placements.

Mais quand, à la fête de la Fleur, pas une place n'était libre, les tables, côté rive droite, sont bien clairsemées.

Deux hôtes de rang, deux personnalités incontournables du monde des grands vins ont d'ailleurs refusé de s'y rendre. Ce sont les deux premiers grands crus historiques de Saint-Émilion, l'élite de l'élite de la rive droite. Pierre Lurton (Cheval Blanc) et Alain Vauthier (Ausone). Pour ces deux-là, ce serait déchoir que d'assister à cette cérémonie bling-bling organisée par celui qu'ils surnomment Hubertus Magnus, ou encore don Hubert de Saint-Émilion, Hubert de Boüard de Laforest, celui par lequel le scandale du classement de Saint-Émilion est arrivé.

Vous voici intronisé dans le petit monde des grands crus classés : VinoBusiness, un royaume plus dur encore que celui des traders.

2.

Vuitton et Prada font du vin !

Il n'est pas très grand. Et affiche crânement la rondeur de tous ces bons vivants amateurs de bonne chère. Deux grandes rides dessinent des diagonales sur son front, ressemblant à s'y méprendre aux cornes de Lucifer. Ses yeux pétillent, en même temps qu'ils foudroient. Cet homme d'affaires jovial au regard acéré qui scande toutes ses phrases, sans même pouvoir les finir, d'un éclat de rire tonitruant, c'est Michel Rolland. Le pape des papes de la vinification. L'homme qui a su porter la bonne parole aux quatre coins du monde. Mais ce businessman sans pitié, ce requin moderne de la viticulture retrouve un visage d'enfant attristé quand il parle de ses propriétés[1], et notamment du domaine familial de Pomerol, le Bon Pasteur, qu'il a dû céder pour étancher la soif financière de son frère avocat.

Comme beaucoup d'autres avant lui, l'homme a été happé par la spirale financière qui s'est emparée des vignes ces dernières années. Le prix des

---

1. Le Bon Pasteur (pomerol), Rolland-Maillet (saint-émilion) et Bertineau Saint-Vincent (lalande-de-pomerol).

terres a flambé, aiguisant les appétits de tous les héritiers.

« Pourquoi Cheval Blanc s'est vendu, pourquoi Pavie s'est vendu, pourquoi tout se vend[1] ? », s'agace Rolland. Parce que le magot du foncier est trop important pour que le frère ou la sœur qui est sorti du domaine familial supporte longtemps de ne pouvoir en profiter. « Alors on essaie de faire cracher autant d'argent qu'on peut à la propriété pour la sauver, mais les dividendes restent nuls à côté de ce que représente le foncier ! C'est humain que chacun veuille sa part du gâteau[2]. » Et à soixante-dix ans, le frère de Rolland était bien décidé à l'obtenir.

C'est ainsi qu'au profit d'une succession douloureuse, la fratrie du vigneron en place revendique elle aussi son droit sur ce trésor qui est à sa portée. Quand les terres atteignent des prix pharaoniques, il devient difficile en effet de réfréner les rêves d'eldorado de la famille. « Imagine-toi celui qui n'a pas repris le domaine, qui sait pertinemment qu'il est assis sur une fortune colossale à laquelle il ne peut pas toucher ! Ça ne peut pas durer ! », s'amuse cette attachée de presse fine connaisseuse du milieu bordelais. Sans compter les droits de succession qui sont un frein supplémentaire à ce que ces terroirs restent dans le giron des familles. Comment sortir en cash des sommes aussi conséquentes quand l'argent est immobilisé dans les terres ?

Michel Rolland, comme beaucoup d'autres avant lui, a dû se résoudre à céder la majorité de ses domaines,

---

1. Entretien du 1er juillet 2013.
2. *Ibid.*

ceux-là mêmes qui ont fait sa renommée et son succès, à des investisseurs hongkongais, le Goldin Group.

Un groupe que Rolland connaît bien puisqu'il est déjà propriétaire en Californie de Sloan Estate dont le plus connu des winemakers est le consultant. Le montant de la transaction n'a pas été communiqué. Très élevé sans doute. Le milieu bordelais parle de 15 millions d'euros. Alors, pour pareille somme, on fait, à contrecœur, une croix sur la propriété familiale. Celle du grand-père décrit comme un paysan propriétaire de Pomerol. Celle où ses parents avaient convolé en 1942. On oublie le petit banc de pierre qu'on avait conservé jusqu'alors, en souvenir de tous ces vieux souvenirs qui font l'histoire d'une famille. « Je ne peux pas me permettre d'être mélancolique, je n'en ai pas les moyens. C'est fantastique de pouvoir conserver son domaine. Mais quand on ne peut plus, il faut cesser d'être affectif[1]. » Et se résoudre à vendre à des Chinois.

Des mini-tragédies d'héritiers, il s'en joue chaque jour dans les vignobles de France. Pourquoi ce fol emballement du prix des terres ? C'est l'arrivée des grands groupes, des industriels qui, effrayés par les fluctuations boursières et les spéculations immobilières, ont préféré investir dans la terre, qui a créé cette bulle foncière. Mais ces grands argentiers n'ont pas investi partout. Ils se sont concentrés sur les appellations nobles. L'hectare de Pomerol est ainsi passé d'un prix moyen de 292 000 euros l'hectare en 1993 à des sommets allant jusqu'à 2 350 000 euros en 2012[2]. À

---

1. *Ibid.*
2. Chiffres fournis par la Safer.

Saint-Émilion, la culbute est aussi saisissante : 120 000 euros en 1993 contre 1 100 000 aujourd'hui. En vingt ans, avec l'afflux massif de cet argent sur ces terroirs réputés, les prix ont été multipliés par dix ! Et si le mouvement s'amorce en 2002 (explosion de la bulle Internet), il se renforce très fortement en 2008, au moment de la crise bancaire : c'est à cette date, par exemple, que Pomerol passe la barre symbolique des 1,7 million... l'hectare.

Dans le même temps, pour des appellations moins connues, comme les côtes-de-castillon qui sont pourtant voisines de Saint-Émilion, les prix ont stagné depuis vingt ans. 16 100 euros l'hectare en 1993, 21 000 euros aujourd'hui... Ils ont même été divisés par deux par rapport à l'envolée de 2002 où ces terres magnifiques avaient atteint le modeste record de 56 400 euros l'hectare. Les investisseurs pensaient alors avoir trouvé un nouvel eldorado dans cet endroit privilégié proche du merveilleux terroir de Saint-Émilion. Ils ont vite abandonné l'idée, et l'appellation avec. « En Côtes-de-Castillon, les prix sont très attractifs et pourtant personne ne veut acheter. Alors que dès qu'on est à Pomerol, tout se vend à des prix dingues. Il y a vraiment une viticulture à deux vitesses[1] », soupire Alain Vauthier, patron du mythique Ausone sis en terre saint-émilionnaise. Sur ce côté, on ose à peine dire défavorisé, on trouve des vins qui se vendent très peu cher, sur des appellations moins réputées, avec un foncier qui ne grimpera jamais... Pendant que, côté « riche », la spirale est totalement inverse.

----

1. Entretien du 17 septembre 2013.

D'ailleurs, signe que tout va bien dans le meilleur des mondes chez les nantis, on retrouve dans le dernier classement des cinquante fortunes du vin du magazine *Challenges*[1], des noms que le grand public connaît déjà pour avoir accumulé des fortunes colossales dans d'autres domaines. En première position, comme toujours, Bernard Arnault dont le patrimoine viticole compte quelques pépites comme Yquem ou Cheval Blanc ainsi qu'un véritable empire en Champagne (Krug, Veuve Clicquot, Dom Pérignon... soit quelque 1 717 hectares de vignes champenoises) et pèse 1,5 milliard d'euros. Son frère ennemi, François Pinault, arrive en cinquième position avec un patrimoine viticole de 700 millions d'euros dont le prestigieux Château Latour. Bernard Magrez, 525 millions d'euros ; Michel Reybier, créateur de la marque Justin Bridou, 450 millions d'euros. Martin et Olivier Bouygues, 250 millions d'euros. Alain Wertheimer, propriétaire de Chanel, 235 millions d'euros. La famille Dassault, 150 millions...

La terre présente trois atouts majeurs : tout d'abord, c'est un investissement relativement fiable face à l'océan de précarité des placements boursiers. Par ailleurs, la terre jouit d'un régime fiscal avantageux, permettant ainsi à ces grandes fortunes de s'exonérer d'une partie de leur ISF. Ou encore de faire basculer des plus-values de sociétés bien portantes vers des vignobles qui sont censés être le plus souvent déficitaires ou en attente de gros investissements de rénovation... Enfin, les vignes offrent à tous ces

---

1. *Challenges*, 13 juin 2013, n° 349.

businessmen « un passeport pour la noblesse[1] ». « Le mec qui fabrique des boulons, le soir, dans les dîners mondains, il n'est pas très sexy, alors que s'il sort sa carte de vigneron en ayant un château à Bordeaux, en Bourgogne ou ailleurs, tout de suite il attire un autre regard de l'assistance[2] », s'amuse le winemaker Stéphane Derenoncourt.

Ces grands patrons sont aujourd'hui concurrencés par les « zinzins », les investisseurs institutionnels – banques, assurances, mutuelles –, eux aussi venus dans les vignes pour éviter les fluctuations boursières qu'ils contribuent pourtant souvent à créer. Château Lascombes, à Margaux, aurait été vendu pour près de 200 millions d'euros en 2011 à la MACSF[3]. AG2R La Mondiale aurait déboursé quelque 35 millions[4] à Saint-Émilion pour acquérir Soutard, propriété de la famille des Ligneris. Une somme colossale qui n'aura jamais permis à son ancien gérant, François des Ligneris, de se consoler d'avoir perdu ce merveilleux domaine. Selon la *Revue du vin de France*, « banques et assurances seraient à la tête d'un patrimoine viticole estimé à 1,4 milliard d'euros répartis sur 2 400 hectares, surtout à Bordeaux[5] ».

Les derniers arrivants dans les vignobles ? Les Chinois. Ils ont racheté une cinquantaine de châteaux ces quatre dernières années, soit environ un millier

---

1. Entretien du 18 mars 2013 avec Stéphane Derenoncourt.
2. *Ibid.*
3. MACSF : Mutuelle d'assurance du corps de santé français, « Banques, assurances, mutuelles : les zinzins sont fous de vin », la *Revue du vin de France*, n° 573, juillet-août 2013.
4. *Ibid.*
5. *Ibid.*

d'hectares de vignes. « Tout cela est assez simple : s'ils achètent autant de vin et autant de propriétés, c'est parce qu'ils ont de l'argent[1] », grince Rolland qui s'étonne de cette levée de boucliers des Bordelais contre les achats asiatiques alors qu'ils n'avaient rien trouvé à redire contre le débarquement des « zinzins ». « Tous ça, c'est du business. Et c'est plutôt du bon business[2], plaisante le winemaker, soudain carnassier. Il faut se réjouir que Bordeaux attire encore les gros investisseurs et les Chinois ; c'est le jour où ce ne sera plus le cas qu'il faudra commencer à s'inquiéter[3]. »

Un enthousiasme qu'est loin de partager Dominique Techer. Il faut dire que ce vigneron fait tache dans le milieu. Converti au bio, il a arraché quelques ares de ses terres pour faire un potager : (« On est à la campagne tout de même[4] ! ») Là où tous ses voisins plantent des vignes jusqu'à la limite du bitume. « Sur le plateau de Pomerol, il doit rester deux-trois familles de vignerons à tout casser. On finit par être les derniers des Mohicans, bientôt on viendra nous regarder avec des gros yeux, comme des curiosités. On est cerné par les fonds de pension, les banques, les assurances, et maintenant les Chinois… Les Chinois se placent comme n'importe quel investisseur. Il y a cinq ans, ils achetaient du vin. Aujourd'hui, ils achètent carrément les propriétés[5]. »

« On est entré dans une spirale », reconnaît Jean-Luc Thunevin. Pied-noir, fils de paysans éleveurs de

---

1. Entretien du 1er juillet 2013.
2. *Ibid.*
3. *Ibid.*
4. Entretien du 16 juillet 2012.
5. Entretien du 20 mars 2013.

porcs en Algérie, Jean-Luc n'avait que son nom qui le prédestinait à faire du vin. Passé par une école de bûcheron, il a manqué de finir infirmier psychiatrique, avant de bifurquer vers les guichets de banque. « J'ai commencé à Saint-Émilion, en vendant des bijoux fluo. Puis, parcelle après parcelle, hectare après hectare, j'ai créé mon cru Valandraud [Val Andraud, du nom de son épouse, Murielle][1]. » Un vin devenu mythique. Sauf que sa success-story serait pratiquement impossible à rééditer aujourd'hui. Ses terres saint-émilionnaises, qu'il a achetées entièrement à crédit pour 1,5 million de francs l'hectare en 1999, valent aujourd'hui entre 3 et 4 millions d'euros l'hectare...

Sur le plateau de Pomerol, c'est la même histoire : les terres s'arrachent à 3 millions l'hectare. « Et dès qu'il y a le moindre bout de terre à vendre, il y a cinquante vautours qui fondent dessus[2] », s'émeut Dominique Techer.

« C'est le système qui veut ça, constate, lucide, Jean-Luc Thunevin. À chaque fois qu'une parcelle se vend, c'est un vigneron qui s'en va. Et plus il y aura d'investisseurs, plus les terres seront chères[3]. »

Rolland n'en démord pas. Pour lui, toute la viticulture « moyenne mais de bonne qualité sera amenée à disparaître ou à appartenir à des grands groupes. C'est inéluctable. Aucune famille ne pourra conserver ce patrimoine dans son giron[4] ».

---

1. Entretien du 5 juin 2013.
2. Entretien du 20 mars 2013.
3. Entretien du 5 juin 2013.
4. Entretien du 1er juillet 2013.

Des terres de plus en plus chères, sur lesquelles des patrons richissimes seront tentés de faire des investissements colossaux, non seulement parce qu'ils y sont incités fiscalement mais aussi parce que, comme le souligne Stéphane Derenoncourt, ils considèrent le vin comme leur « jouet », pour ne pas dire leur danseuse, et qu'ils sont prêts à injecter des millions d'euros dedans[1]... Et comme ces businessmen sont loin d'être des poètes, hors de question de ne pas rentabiliser leur pari. Leurs vins deviennent donc des marques vendues à des prix astronomiques. À grands coups de millions, ils sont en train de créer les Vuitton et Prada des vignes...

C'est ainsi que, par la magie d'une bulle foncière spéculative, on a métamorphosé nos vignobles en une machine à fabriquer de merveilleux blockbusters que le commun des mortels ne pourra plus se payer.

Des terroirs français que seuls les plus aisés ont les moyens de s'acheter pour faire des grands vins que les Français ne pourront pas non plus s'offrir... Voilà où en est notre (très) cher patrimoine viticole. Est-ce vraiment une fatalité ?

---

1. Entretien du 18 mars 2013.

3.

La face cachée du système, les blockbusters

Monaco. Caves de l'Hôtel de Paris, le palace tenu par le grand chef Alain Ducasse. Trois cent cinquante mille bouteilles de vin nous entourent. Deux cent mille bordelaises. En quelques années, le petit magot est devenu un véritable trésor qui pèse des dizaines de millions d'euros. La fine fleur de l'appellation – on y croise notamment le directeur de Cheval Blanc, Pierre Lurton, également consul de Monaco – est venue fêter en grande pompe les cent cinquante ans de la Société des Bains de Mer. Mais dans cette ambiance festive et luxueuse, un homme détonne par son franc-parler. Le chef de cave, Gennaro Iorio, n'hésite pas à mettre les pieds dans le plat : « J'ai décidé de punir les Bordelais. Depuis 2010, je ne leur achète plus de vins. Les grands crus sont beaucoup trop chers, ils sont uniquement spéculatifs. Ce sont des vins fabriqués pour les étrangers, pour les investisseurs, pour le marché chinois. Des crus destinés à ne pas être bus, mais thésaurisés pour mieux boursicoter. Des flacons qui ne sont plus accessibles au marché français ! Ils ne le sont déjà plus à des établissements de luxe comme le nôtre[1] ! »

Hubert de Boüard le regarde d'un air narquois. Confiant, il ne veut pas croire que cet eldorado n'est qu'un mirage. Que cette bulle spéculative qui les a tous rendus si riches et qui nous empêche de boire nos plus grands vins – devenus inaccessibles – explosera un jour... « On a créé des vins de marques, des marques fortes, comme dans n'importe quel produit de luxe. Ces marques se paient, et c'est bien normal[2] », dit-il d'un ton martial.

Certes, mais pour combien de temps encore ? La grande distribution, elle aussi, est lassée par cette envolée permanente des prix. Fabrice Matysiak achète pour Auchan environ 7 % du volume des vins produits en Gironde. Lui, prédit un effondrement des cours. « Pour l'instant, on n'achète plus de grands crus bordelais. Ils sont beaucoup trop chers et aucun de nos clients n'est prêt à mettre des sommes pareilles dans une bouteille ! Qui, à part quelques étrangers fortunés qui ne viendront pas se fournir en grandes surfaces, peut mettre entre 300 et 1 000 euros dans un cru classé[3] ? »

Gérard Margeon, le chef sommelier de Ducasse, constate déjà un retour de flamme pour Bordeaux. « 2013, c'est la première année où tous ces grands messieurs viennent en personne frapper à ma porte

---

1. Entretien du 22 juin 2013.
2. Entretien du 22 juin 2013.
3. Entretien du 16 juin 2013.

avec leur petit chariot frigorifique pour me présenter leurs bouteilles. Ils savent donc pertinemment que ça va mal[1]. » La logique économique décrite par ce grand professionnel est imparable : « Les prix d'achat qu'ils nous proposent aujourd'hui sont les prix de vente établis sur nos cartes. Donc, chaque année, on supprime des lignes de bordeaux. Ces vins magnifiques ne représentent plus que 10 % de ce que l'on vend dans nos grandes maisons[2]. » Mais comment pourrait-il en être autrement, même pour un amateur passionné ? « J'aimerais qu'on se pose la question de ce que l'on peut encore acheter avec un billet de 100 euros, souligne Gérard Margeon. En Bourgogne, on a un grand cru. À Bordeaux, le cinquième d'un très grand cru[3]. »

Stéphane Derenoncourt, qui travaille pourtant pour tous ces prestigieux domaines, partage au fond le même sentiment. Pour lui, il y a une quinzaine d'étiquettes surcotées qui, malgré leur qualité, n'ont plus grand-chose à voir avec du vin. Il les conçoit comme de purs produits spéculatifs. Et ce dernier de pester contre l'arrogance de ces quelques grands crus qui dissimulent toute la variété de bordeaux, tous ces petits vignerons qui peinent à vendre leurs productions à des prix décents. Tous ces paysans qui seront amenés à disparaître tant ce que leur rapportent leurs vins n'est rien à côté de ce que valent désormais leurs terres. Petit à petit, le vignoble semble donc condamné à se gentryfier. Comme on a exclu

---

1. Entretien du 20 septembre 2013.
2. *Ibid.*
3. *Ibid.*

les plus précaires de nos centres-villes, on bannira bientôt les petits paysans de leurs propres terres. Les grands investisseurs auront la main. Les petits pinards disparaîtront et des marques flamboyantes émergeront... Jusqu'au jour où le système sera saturé et les investisseurs se retireront.

Nous n'en sommes pas là. Au contraire, aujourd'hui nous sommes à l'apogée de ce mouvement. Le constat est clair : en quelques années, les grands vins français ont délaissé leur charme suranné pour se convertir en véritables produits de luxe.

Car s'il y a une chose que les grands investisseurs savent faire, c'est transformer le plomb en or et les vins en marques. Jusqu'à leur arrivée, la France s'enorgueillissait d'afficher sur les étiquettes de ses crus les appellations d'origine contrôlée (AOC) : saint-émilion, pomerol, pommard, volnay, puligny-montrachet... Autant dire les dénominations qui magnifient les prestigieux terroirs hexagonaux sur lesquels, depuis la nuit des temps, on fait les plus grands vins.

Les businessmen, eux, ont bien compris que le charme gentiment désuet de ces AOC était bien trop compliqué à marketer et qu'ils devaient s'effacer derrière des symboliques plus lisibles et plus aisément compréhensibles. Cheval Blanc (propriété de LVMH et d'Albert Frère), Yquem (LVMH) : tout le monde comprend et, surtout, tout le monde en veut. Alors, que ces grands vins soient sur les appellations de saint-émilion, de sauternes ou d'ailleurs...

Le sommelier Gérard Margeon voit d'ailleurs d'un œil très critique le rachat des propriétés par de grands financiers : « Ce sont des personnalités qui n'ont pas la sensibilité pour faire du vin et leur cru s'en ressent. Ce n'est pas leur job naturel. En Provence comme dans le Bordelais, je les vois faire, ils rachètent une belle maison, ils ouvrent la porte et oh ! il y a des vignes. Et là, ils se disent, tiens, si je devenais paysan[1] ? » Et ce dernier de leur donner l'estocade finale : « Je me demande toujours quel est le message caché derrière l'étiquette. Ces personnes ne parlent que d'elles-mêmes et de leur marque. Plus du tout du vin[2]. »

Dans les vignobles de France, les investisseurs ont pourtant fait école et les châteaux qui ne sont pas (encore) tombés entre leurs mains sont, eux aussi, dans cette même logique. Il faut un nom qui sonne juste et un symbole qui accroche l'œil. Hubert de Boüard l'a bien compris. Le nom de son cru, Angélus, « résonne bien chez les Anglo-Saxons, chez les Chinois, partout[3] ! ». Et même si les acheteurs asiatiques peinent à prononcer son nom, ils reconnaissent la cloche qui orne son étiquette. Avec ce bourdon, Hubert se félicite de « capitaliser aux quatre coins du monde[4] ». En Chine, le plus gros marché du Bordelais, la cloche est en effet synonyme de prospérité. « À l'époque où ils ont fait leur étiquette, la famille de Boüard ne pouvait pas mettre son château, elle n'avait qu'une maison, ça aurait fait plouc, tempère, taquin, ce vieux Saint-Émilionnais, c'est pour ça qu'ils ont mis la cloche[5]. » Qu'importent la raison et ces insignifiants soubresauts de l'histoire ! Quand la sym-

---

1. Entretien du 20 septembre 2013.
2. *Ibid.*
3. Entretien du 13 mai 2013.
4. *Ibid.*
5. Entretien du 24 octobre 2012.

bolique et le marketing sont à ce point de votre côté, pourquoi bouder son plaisir ?

Faire le buzz, faire parler de soi, faire du bruit, bouger ou... mourir ! Voilà le faux dilemme dans lequel se sont enfermés beaucoup d'acteurs du milieu. En quelques décennies, le métier de vigneron a énormément évolué. Ici comme ailleurs, si l'on n'est pas capable de raconter une belle histoire, de celles qui arrachent des larmes aux consommateurs – et aux journalistes aussi ! –, on est mort. « Autrefois, on demandait au vigneron de savoir faire du bon vin et c'était tout. Aujourd'hui c'est différent. Il faut qu'il fasse un bon vin, qu'il sache en parler et surtout qu'il sache le vendre. Il doit être à la fois communicant, commercial, vigneron, vinificateur[1] », résume lucidement Stéphane Derenoncourt.

Alors il faut non seulement créer une marque, mais toujours avoir un coup d'avance pour rester sur le devant de la scène, se démarquer, donc exister.

Jean-Luc Thunevin a, plus que tout autre, conscience de cet impératif. Lui qui a fait sien le terme de bad boy que Parker, le pape des critiques du vin, lui aurait attribué. Il se l'est non seulement réapproprié mais en a fait son emblème, sa marque de fabrique. Il s'est autoproclamé mouton noir et a décliné cette « marque » pour en faire un vin dénommé « bad boy ». Sous cette étiquette, il arrive à vendre du bordeaux supérieur beaucoup plus cher que la majorité des saint-émilion. Alors que sous l'appellation Compassant, il peinait à les vendre 5 euros la bouteille, il

---

1. Entretien du 18 mars 2013.

les écoule désormais à 15 euros, juste parce qu'elles sont griffées du désormais fameux mouton noir. En Corée, l'un de ses distributeurs lui a même réalisé un clip sur mesure...

Et pour donner encore plus de lustre à son grand cru classé de Saint-Émilion, Valandraud, il a tenté d'y associer le célèbre pianiste chinois Lang Lang. Le choix était judicieux tant leurs parcours semblaient similaires. Lang Lang, comme Jean-Luc, a commencé sa carrière comme un « mouton noir » : lui aussi fut un temps paria parmi les plus grands interprètes de musique classique, insuffisamment considéré par les critiques, avant, finalement, d'être adulé... Cette micro-cuvée de cinq mille bouteilles devait être vendue encore plus cher que Valandraud. Compter entre 500 et 1 000 euros. Le prix d'une jolie histoire. Une prise qui, si elle s'était concrétisée, aurait été un coup de maître pour Jean-Luc Thunevin : ces bouteilles devaient lui permettre de conquérir le marché chinois qui, jusqu'à présent, avait boudé son grand cru. Faire le buzz ne doit servir qu'un seul but : le business ! Las, le pianiste semble pour le moment encore réticent à l'offre... Valandraud n'est peut-être pas assez glamour pour la rock star des pianistes classiques.

Chez Hubert de Boüard, on a misé sur James Bond. Angélus est devenu LE vin du plus connu des agents secrets depuis qu'il a eu droit à une apparition de sept longues secondes dans *Casino Royale*. Un joli coup quand on connaît la diffusion de ce film à gros budget dans le monde entier. Et pourtant l'intéressé jure qu'il n'a versé aucune somme d'argent et qu'il ne doit ce fabuleux cadeau qu'à ses liens d'amitié avec la famille du producteur et aux nombreuses caisses de vin envoyées. On peine à le croire quand on sait qu'il en coûte 15 000 euros pour figurer quelques secondes dans un film franco-français et 60 000 pour la moindre production de Luc Besson...

Savoir-faire et faire savoir. Le placement de produit est une arme comme une autre pour se faire connaître.

Ce petit monde a compris qu'il ne suffisait pas d'avoir le vin, qu'il lui fallait également l'écrin. Le château, c'est bien mais insuffisant. Il fallait aussi rendre glamour toute la fabrication des crus classés. Transformer l'arrière-cuisine en un royaume, pour mieux le mettre en lumière. En un mot, mythifier la vinification. Ces grandes fortunes se sont donc toutes lancées dans une course aux chais mirobolants. Fini les chais à l'ancienne où l'on fabriquait son vin, une Gitane maïs au bec. Désormais, ce sont les grands architectes du monde entier qui érigent pour des sommes indécentes les bâtiments d'où sortent les précieux nectars. C'est ainsi que dans les vignobles français comme dans la Rioja espagnole ou la Nappa Valley californienne, c'est la guerre entre les grands de ce monde, à celui qui aura le chai le plus monumental construit par l'architecte le plus en vue.

Clément Fayat, magnat du BTP, s'est ainsi offert Jean Nouvel. Petit détail croustillant, La Dominique est à un jet de pierre du très prestigieux Cheval Blanc. Fayat digère très mal que son vin ne soit pas reconnu à ce qu'il estime être sa juste valeur. Il jalouse donc terriblement Cheval Blanc. Or Bernard

Arnault a fait appel à Christian de Portzamparc[1]. Son chai figure une très jolie vague flottant sur les vignes, dont la sobriété est désormais concurrencée par la rutilante péniche pourpre – couleur des grands vins ! – aux nuances changeantes de La Dominique. Paré de ses miroirs colorés, cet édifice érigé par Jean Nouvel reflète le paysage qui l'entoure – et Cheval donc – la tête à l'envers. Fort mécontent de ce voisinage, Pierre Lurton, le très élégant gérant de Cheval Blanc, dit à qui veut l'entendre que la rusticité de l'ouvrage de son concurrent est telle que tous les visiteurs le prennent pour les bâtiments techniques du cru de LVMH ! Et pour camoufler l'horreur de ce qu'il nomme « le four à micro-ondes », il s'est empressé de faire planter des arbres gigantesques... Ruinant par là même la vue de la future terrasse de La Dominique. Mesquin, dites-vous ? Non, c'est juste le petit jeu auquel s'adonnent avec gourmandise les stars de la région. De petites humiliations et de méchantes tracasseries qu'ils s'infligent à grands coups de millions d'euros dépensés sans compter.

Les exemples se chiffrent par dizaines. Il y a aussi Faugères, propriété de Silvio Denz (patron de Lalique), qui a débauché Mario Botta pour lui ériger une cathédrale de béton au milieu des vignes... Quant au groupe immobilier Pichet, qui vient de racheter le Château Les Carmes Haut-Brion, à Pessac-Léognan, pour la modique somme de 18 millions d'euros, il s'est payé Starck...

1. Il vient d'ailleurs d'obtenir le prestigieux prix international d'Architecture 2013, décerné par le Chicago Athenaeum.

Parés de tels atours, ces grands crus deviennent de véritables produits de luxe. Et comme les sacs Dior ou Vuitton sont aujourd'hui intouchables pour le commun des mortels, ces merveilleux vins le deviennent également. Fini les bouteilles d'exception à moins de trois chiffres. On est une marque qui se respecte ou on ne l'est pas.

« Nos plus grands vins ne sont plus accessibles ! Qui, aujourd'hui, peut mettre mille euros dans une bouteille, même à quatre ? Pourtant, ce n'est pas de l'or qu'il y a à l'intérieur[1] », fulmine Dominique Techer, ce paysan révolté accroché aux terres prestigieuses du plateau de Pomerol. D'ailleurs, ces vins ne sont pas achetés pour être bus. Ils sont le signe extérieur de richesse que golden boys et apparatchiks achètent pour faire étalage de leur réussite... Au pire, ils seront conservés dans des caves, au mieux, ils seront bus cul sec pour épater la galerie.

L'un des grands pontes d'une entreprise chinoise internationale rencontré à Ürümqi, au nord-ouest de l'empire du Milieu, sortant visiblement d'une cuite mémorable dont il gardait encore quelques stigmates, se vantait ainsi publiquement d'avoir bu en une semaine pour 160 000 euros de grands crus, « *Ganbéi* », autant dire : cul sec. Tant d'efforts déployés, de millions d'euros injectés, de strass ou de paillettes affichés, pour finir comme un vulgaire verre de vodka bon marché !

Mais nous ne sommes pas au bout de nos surprises, car ce royaume enchanté repose, dans ses fondements mêmes, sur un système extravagant...

---

1. Entretien du 20 mars 2013.

4.

Le scandale du classement

24 octobre 2012. Un ciel bas pèse comme une chape de plomb sur le joli village de Saint-Émilion. « Il joue vraiment de malchance ! Avoir un si mauvais temps pour sa réception fastueuse », se réjouissent tous ceux qui n'ont pas été invités. Car tout le village bruisse de l'événement. Aujourd'hui, Hubert de Boüard fait bénir les cloches d'Angélus pour fêter comme il se doit l'avènement de son vin à la première marche du podium. Premier grand cru classé A. Une consécration. Car toute la prospérité du petit royaume repose sur un pilier : le classement.

Trépignant d'impatience de pouvoir jeter sa promotion au visage du cénacle du vin, le nouveau seigneur a lancé les invitations alors que les travaux pharaoniques de son chai, menés pour 7 millions d'euros, sont bien loin d'être terminés. Qu'importe ! L'ébauche du futur écrin est là, dessiné par Jean-Pierre Errath, un architecte du Patrimoine originaire de la région qui a assis sa notoriété en s'attelant à la restructuration des bâtiments de Pétrus à Pomerol. Angélus, en quête de légitimité, ne pouvait rêver plus belle filiation, fût-elle seulement esthétique.

Entre les gravats et les engins de chantier, on installe l'estrade sur laquelle la soprano Sharon Coste va entonner l'*Ave Maria* de Schubert. Puis, dans une nacelle à 15 mètres au-dessus du vide, on suspend le malheureux archevêque de Bordeaux, Mgr Ricard, pour qu'il consacre les deux bourdons (ils s'appellent Émilion et Angélus !). Et comme pour montrer aux manants que ce vin est décidément béni des dieux, le soleil s'est levé au début de la cérémonie, faisant rutiler les carillons dorés à l'or fin. Des cloches qui non seulement sonneront l'Angélus, mais qui en outre seront capables de jouer plus d'une centaine d'hymnes nationaux « afin de pouvoir accueillir de façon personnalisée les gros clients que nous recevrons. On a tous les hymnes : États-Unis, Chine, Royaume-Uni, mais aussi l'Islande, les Philippines, le Kazakhstan, Monaco ou le Vatican si jamais François vient nous voir[1] ! », se réjouit Laurent Benoit, employé sur le domaine et préposé à la télécommande, qui joue des carillons avec délectation.

Devant un parterre de négociants et de journalistes forcément éblouis, dans une scénarisation tout à la fois bling-bling et grotesque, grandiose et ridicule, kitsch assurément, le seigneur de Saint-Émilion a réussi son coup. Cette accession au sommet, il l'a savamment planifiée en faisant main basse sur le classement des vins de Saint-Émilion – un sésame permettant aux grands crus classés de se démarquer de la valetaille du Saint-Émilion de base. Patiemment, il l'a modelé à sa main en attendant son heure. Sa consécration est un coup de maître. Car le classement, c'est de l'argent, beaucoup d'argent. Être grands crus clas-

---

1. Entretien du 28 mars 2013.

sés, c'est l'assurance de vendre ses vins plus cher, et surtout, surtout, de pouvoir revendre ses terres beaucoup, beaucoup plus cher... Autant dire un jackpot foncier considérable.

« Le classement de Saint-Émilion, j'avais une petite tendresse pour lui, il avait ce côté terrien et paysan. C'était la valeur des terroirs qui faisait le classement. Il y avait plus ou moins d'erreurs mais ça tenait autour de ça[1] », s'émeut Stéphane Derenoncourt.

Car en réalité, il n'y a pas un mais deux concours de beauté (si l'on ose dire) dans le Bordelais. On oppose d'ailleurs sans cesse le classement terroir de Saint-Émilion qui date de 1955 et celui, plus « marchand », du Médoc, créé par les négociants et les courtiers un siècle plus tôt et quasi inchangé depuis[2]. « Si ce n'est que les propriétés classées à l'époque faisaient 10 hectares et qu'elles en font 100 aujourd'hui, tout en ayant gardé le même rang », précise Stéphane Derenoncourt. Autant dire que moult hectares de vignoble ont ainsi gagné subrepticement les cimes alors qu'ils avaient été jusque-là considérés comme indignes d'y accéder. Les propriétaires ont fait des affaires en or, en achetant des terres qui, aujourd'hui classées, valent des millions. Et les consommateurs paient des centaines d'euros ces vins issus, dit-on, des plus grands terroirs... Bref, le Médoc classait des marques alors que Saint-Émilion avait gardé son authenticité.

Preuve s'il en est de son ouverture d'esprit, les viticulteurs du petit village devaient remettre leur titre

---

1. Entretien du 14 mai 2013.
2. Le classement fut modifié en 1973 pour promouvoir Mouton Rothschild de second à premier cru classé.

en jeu tous les dix ans afin de ne pas s'endormir sur leurs lauriers et de corriger les injustices criantes. « Le classement est l'une des dernières poussières du gaullisme, avec une vraie méritocratie[1] », ajoute Hubert de Boüard, soudain lyrique. Ce n'est pas si sûr. Car avec autant d'argent en jeu, chaque nouvelle mouture du classement a ouvert une guerre fratricide. Le dernier épisode fut sanglant.

Pour comprendre ce qui s'est passé, il faut se remettre dans le contexte de l'époque. « En 2006, le classement déplaisait à beaucoup », explique ce vigneron fin connaisseur des mœurs locales et propriétaire de l'un des plus grands domaines au monde. « Hubert de Boüard n'était pas premier grand cru classé A, Jean-François Quenin, ancien directeur de chez Darty et actuel président du Conseil des vins de Saint-Émilion [le syndicat viticole], n'était pas classé. Il y avait donc beaucoup de personnes haut placées pour vouloir que le classement s'effondre, et il s'est effondré. »

Puisque la version 2006 n'avait pas même adoubé Angélus premier cru classé A, elle pouvait sombrer. En 2012, le coup de force devait réussir. Et pour ce faire, Hubertus Genius, comme le surnomme la fine fleur de Saint-Émilion, a mis toutes les armes de son côté.

Pour réussir son coup, il faut d'abord s'assurer le contrôle de tous les lieux où peut se décider le classement. Et ça tombe plutôt bien parce que Hubert est un sacré cumulard. « Conseil interprofessionnel des vins de Bordeaux [CIVB], syndicat, j'ai été président ou vice-président de chaque institution pendant dix ans. (…) Je suis président du comité régional de

---

1. Entretien du 10 juin 2013.

l'INAO [Institut national de l'origine et de la qualité], membre du Comité national, président des premiers grands crus classés de Saint-Émilion, premier jurat et président de la Jurade[1] », se vantait-il auprès des journalistes de *Vigneron*. La Jurade, confrérie des vins de Saint-Émilion instaurée en 1199 par le roi d'Angleterre, Jean sans Terre, permet de faire du lobbying ; le syndicat viticole est l'instigateur du classement et l'INAO, l'instance qui juge de sa validité.

Hubert a tout de même quitté en 2008 la présidence du Conseil des vins de Saint-Émilion qu'il occupait depuis 1999. C'eût été un peu trop gros. Mais un homme de confiance, Jean-François Quenin, lui a succédé. Les vignerons s'amusent d'ailleurs de voir Quenin se tourner sans cesse vers Hubert de Boüard en réunion pour rechercher son assentiment ou sa désapprobation avant de prendre une quelconque décision.

Personne n'est dupe. Quand Hubert ordonne au syndicat, tout le monde s'exécute. « Je suis un peu chez moi ici », aime-t-il à dire avec gourmandise...

Autant dire que l'homme est partout où se nouent les enjeux de pouvoir. Son immense ambition est au service d'un seul but : faire passer son vin, l'Angélus, premier grand cru classé A. Ou plutôt Angélus, sans le l', car il l'a opportunément fait tomber pour devenir le tout premier des premiers crus classés, ordre alphabétique oblige...

Une fois la situation bien en main, il ne reste qu'à s'assurer que les règles soient favorables...

---

1. *Vigneron*, n° 6, octobre-novembre-décembre 2011.

Et d'abord, pourquoi les dévoiler avant l'examen alors qu'il est tellement plus aisé de les révéler après ? Les châteaux les ont donc découvertes en juin 2012, soit huit mois après la remise de leurs dossiers. Autant dire que les vins ont passé un examen dont ils ignoraient tout – de la nature des matières notées jusqu'aux coefficients qui leur étaient attribués... Imaginons une seconde un candidat au bac dans les mêmes conditions.

Très curieusement, on dirait que la grille a été spécialement conçue pour convenir à quelques-uns. Toutes les évaluations susceptibles de les contrarier ont été opportunément abandonnées.

Par contre, quand on engloutit comme Hubert près de 7 millions d'euros dans la rénovation de son chai, il aurait été absurde que ces travaux fastueux ne soient pas l'un des critères dûment comptabilisés dans l'obtention du classement !

Autre point crucial pour être bien noté ? La notoriété. Au fait, que recouvre ce terme ? Assez logiquement, la présence dans les guides, dans la presse spécialisée et généraliste... Mais également dans un long-métrage. Hasard merveilleux qui tombe à pic pour Château Angélus devenu, depuis *Casino Royale*, l'une des boissons préférées de James Bond. D'ailleurs, Angélus doit être extrêmement cinégénique, car il se retrouve également dans *La Môme Piaf*, dans *L'Immortel*, dans *Dialogue avec mon jardinier*[1]... De là à dire que le classement est conçu sur mesure pour convenir à ceux-là mêmes qui tentent d'en tirer avantage, il

---

1. *Vigneron*, art. cit.

n'y a qu'un pas que beaucoup, à tort ou à raison, franchissent.

Récapitulons. L'architecture monumentale que vous avez érigée en plein cœur du vignoble vous permet d'être bien noté. Prévoyante et pragmatique, la grille du classement a également alloué quelques points au parking visiteurs construit pour que tous les manants puissent venir admirer votre grand œuvre. Enfin, jackpot pour les anciens patrons qui souhaitent rentabiliser leur carnet d'adresses en proposant à la location un lieu paradisiaque : la salle de séminaire. Gag ? Pas du tout ! Elle leur rapporte quelques points supplémentaires.

Les amateurs de vins seront ravis d'apprendre qu'en dégustant un verre d'un grand cru classé à 500 euros la bouteille, ils savourent aussi un petit peu de son merveilleux parking et de ses salles à louer. Par contre, Ausone, la Romanée-Conti de Saint-Émilion, sis en haut d'une route escarpée que les bus ne peuvent pas emprunter, qui n'a pas de pièces dédiées aux conférences et qui a eu en outre le mauvais goût d'avoir conservé son chai historique, a été pénalisé… Les carrières d'Ausone, riches de cinq siècles d'histoire, faisaient pâle figure à côté des chais grandioses de Christian de Portzamparc ou de Mario Botta : « Vieillot, pas d'éclairage indirect », a sanctionné la commission. Un comble, quand on sait que ce genre de cave est, au dire même de Stéphane Derenoncourt, « une cathédrale pour élever le vin ». Oui, mais pas assez spectaculaire au goût d'Hubert !

Et si tous les milliardaires ayant investi dans le vin veulent bien se plier à la corvée de l'œnotourisme, ils rechignent en revanche à se transformer en guides de leurs châteaux. Qu'à cela ne tienne : la grille pénalise les vignerons qui veulent eux-mêmes faire les visites ! Le gérant du Château Croque-Michotte, Pierre Carle, en a fait l'amère expérience. La commission lui a reproché d'avoir mis sa fille à l'accueil. Quand il s'est insurgé contre cette ineptie, la commission lui a demandé de fournir la copie du contrat de travail de sa progéniture ainsi que de ses diplômes. Un vigneron investi dans son château est donc forcément éminemment suspect !

Le classement n'aime pas l'écologie non plus. Les vignes d'Ausone ont été considérées comme « mal tenues » par le bureau de contrôle. Et Croque-Michotte, converti au bio depuis 1999, a décroché une note extrêmement médiocre en mesures environnementales. Pourtant, quoi de plus écolo que cette démarche ?

« Ce classement, c'est la quintessence de la mauvaise foi », s'emporte un vigneron saint-émilionnais qui préfère garder l'anonymat tant les mesures de rétorsion contre les « bavards » sont rudes. « On détourne l'attention sur des choses insignifiantes, on crée une mythologie pour éviter tous les sujets qui fâchent : les résidus de pesticides, les sols hypertraités chimiquement. Dans ce classement, on use et on abuse des mêmes moyens utilisés pour fabriquer des marques. »

On parle donc chai, travaux, parking, salle de séminaire, mais au fait, et le goût dans tout cela ? C'est tout de même la seule chose qui intéresse l'amateur de vin prêt à payer des sommes folles pour un grand cru classé, non ?

Eh bien, le goût, il ne compte que pour 50 % de la note des grands crus classés et pour 30 % seulement des premiers grands crus. Autant dire que plus le vin est prestigieux, plus il est cher, plus il est censé être bon, et moins son goût importe dans la quête du classement. C'est simple, pour les premiers crus classés – autant dire la Rolls Royce de nos vins –, dont les bouteilles valent entre 300 et 1 000 euros, la notoriété rapporte plus de points que la dégustation : 35 % contre 30 %.

Avec ces critères taillés ad hoc pour satisfaire un tout petit cénacle, on peut accéder au sérail et devenir un premier grand cru classé avec une note de dégustation de... 6,67 sur 20 !

« Il n'y a plus de classement de terroir aujourd'hui. Ça n'est que du marketing pur. Si vous avez un parking visiteurs, vous avez deux points de plus, si l'hôtesse est bien gaulée, c'est encore deux points. Et si vous êtes dans James Bond, c'est encore mieux ! Tout ce qui brille rapporte des points. C'est complètement ridicule. Ça n'a plus rien à voir avec le monde du vin. Mais c'est comme ça[1] », regrette, sarcastique, l'expert Stéphane Derenoncourt.

Autant de critiques qui peinent profondément Christian Paly, président du Comité national des vins à l'INAO, le vrai-faux arbitre des vignes en charge d'édicter le classement. Pour ce dernier, cette noble institution a fait preuve « d'énormément de courage

---

1. Entretien du 14 mai 2013.

et de sérieux » dans l'élaboration de cette fabuleuse compétition. « Quand le classement a été cassé en 2006, l'INAO aurait pu se comporter en Ponce Pilate, s'en désintéresser au risque de faire fi de l'histoire. Ce n'était pas notre horizon. Nous avons décidé, au contraire, de prendre nos responsabilités et de bâtir le plus solidement possible, avec grand sérieux et de façon impartiale, la méthodologie du classement[1]. »

L'homme se pose aussi en démocrate. « La règle de cette maison est simple : quand on édicte un mode d'emploi, on le fait toujours et uniquement pour répondre à l'intérêt général. » C'est d'ailleurs ce qui, selon lui, expliquerait la longévité de cet organisme : « Si, depuis 1935, l'INAO avait œuvré à la défense d'intérêts particuliers, cela fait bien longtemps qu'il n'existerait plus[2]. »

Il faut croire que cette institution est résistante…

Une partie perdue pour l'authenticité donc, mais une aubaine pour Hubert de Boüard. Car cet épisode controversé lui aura permis d'augmenter les prix d'Angélus de 23 % quand les plus grands crus classés comme Margaux ou Mouton-Rothschild les baissaient de 33 % pour les primeurs 2012… Le clan de Boüard pèse aujourd'hui quelque 280 millions d'euros et s'est hissé à la dix-septième place des plus grosses fortunes du vin.

C'est sans doute ce que l'INAO entend par la défense de l'intérêt de tous…

---

1. Entretien du 14 novembre 2013.
2. *Ibid.*

5.

Un si gentil dictateur...

Ce jour-là, tout Bordeaux l'attend. Saint-Émilion bruisse de sa future venue. Il est là, c'est certain. Personne ne l'a encore vu. On sait juste qu'il passera lundi en début d'après-midi au cercle Rive droite. Alain Raynaud, le créateur de ce petit club VIP, s'en fait une fierté. Jeudi, il sera chez Michel Rolland. Entre les deux, c'est le flou. Il ira sans doute chez quelques grands négociants, se déplacera chez un quarteron de vignerons triés sur le volet. Mais lesquels ? En coulisse, tout le monde s'active pour l'attirer dans sa toile. Cet homme attendu comme le messie, c'est Robert Parker, LE grand critique qui fait et défait les réputations des vins. L'homme dont la note 100 vaut de l'or. Pourtant, personne n'aurait parié sur cet obscur Américain quand il est arrivé dans le Bordelais à la fin des années soixante-dix. Pensez ! Un Yankee qui allait parler des vins ! Les disséquer et les noter ? De qui se moque-t-on ! Il n'y avait vraiment pas de quoi effrayer la fine fleur du Bordelais qui l'a d'ailleurs vu débarquer d'un œil plutôt amusé.

Pour tout dire, ils l'ont mésestimé. Une faute qu'ils ont (très) largement corrigée depuis. Car sous ses airs de Candide, l'Américain était pugnace et travailleur et goûtait avec un sérieux que peu d'autres avaient. Et puis surtout, ce coup de maître : quand toute la jet-set viticole avait conspué le millésime 82, lui l'a glorifié. L'avenir lui a donné raison.

« La réussite, c'est beaucoup de travail, de la chance, et un peu de talent, résume goguenard Michel Rolland. Il a fait ce qu'aucun autre n'a été capable de faire. Si c'est le meilleur, ce n'est pas parce qu'il ne se trompe jamais ; c'est juste qu'il se trompe moins[1]. »

Le consultant n'en revient pas de la chance inouïe qu'il a eue de recevoir Parker ce jour de juillet 1982. « Si j'avais été débordé de travail, s'il était venu pendant les vendanges, si je n'avais pas eu, comme toujours, cette furieuse envie de quitter mon labo, je serais passé à côté de la chance de ma vie[2] ! », plaisante le winemaker. Il faut croire que la fortune sourit aux audacieux, car Rolland lui a ouvert les portes quand toute la gentry bordelaise se pinçait le nez et refusait de recevoir ce type venu de nulle part. Ces deux-là se sont construits ensemble. Rolland l'a initié aux us et coutumes girondins quand Parker a été son sésame pour les États-Unis.

C'est ainsi que Rolland est devenu l'un des passages obligés du « million dollar nose », l'homme dont le nez et le palais sont assurés pour un million de dollars. Les négociants Jeffrey Davies et Archibald Jonhston, l'Union des grands crus, et le cercle Rive droite le sont également. Et aujourd'hui que le pouvoir quasi

---

1. Entretien du 1er juillet 2013.
2. *Ibid.*

divin de ses notes sur les ventes de vin est connu de tous, ce n'est pas un mince privilège.

« Parker, c'est la même histoire que le guide Michelin. Obtenir trois étoiles, c'est l'assurance de remplir son restaurant. Deux étoiles, ça aide. Mais avec une étoile, faut s'accrocher. Une mauvaise note, chez Parker, c'est une nouvelle épouvantable pour la propriété qui aura tout le mal du monde à écouler ses vins », assure ce négociant bordelais. Il aurait pu ajouter que ne pas être noté par Parker, c'est rester dans un anonymat qui signe bien souvent la mort des grands crus. « Il faut le faire venir à vous, sinon vous n'existez pas », opine le viticulteur Jean-Luc Thunevin qui regrette d'ailleurs de ne pas avoir fait suffisamment de lobbying auprès du maître cette année : son cru, Valandraud, a été moins bien noté pour 2012. On comprend mieux pourquoi être goûté et apprécié de Parker revêt tant d'importance. Et que tous les coups sont permis pour être sur la route du grand homme.

Les vignerons voient d'ailleurs avec les yeux de Chimène celui qui leur permettra d'accéder à Parker.

Un homme, Alain Raynaud, s'est fait une jolie renommée et une clientèle conséquente en utilisant à bon escient sa proximité avec le pape des critiques. Au fil des années, il a su transformer cette amitié en un filon en or. « Pourtant, notre histoire commune n'avait pas commencé sous les meilleurs auspices, je n'étais pas parti pour lui plaire[1] », minaude Raynaud. Le millésime 1982 de sa propriété familiale, le Château La Croix de Gay, avait obtenu un cinglant 78

_____
1. Entretien du 23 janvier 2013.

sur 100 chez Parker avec le commentaire suivant :
Good Picnic Wine. « C'est pourtant comme ça qu'on
est devenus amis. Il avait en partie raison. Je lui ai
écrit pour lui fixer rendez-vous dans deux ans. Et j'ai
redéfini un vin qui devrait emporter ses suffrages.
J'ai obtenu 94 points. Il m'a dit : "Vous êtes le seul
Bordelais à qui j'ai mis une mauvaise note et qui ne
m'ait pas écrit une lettre d'insulte[1]." » Une attention
qui a dû aller droit au cœur de Parker, puisque, de
ce jour, il a fait des différents clubs qu'a pu tenir Raynaud des points de chute obligés lors de ses passages
en terres bordelaises.

Raynaud entretient avec maestria la légende de son
amitié, distillant de vraies-fausses preuves de sa proximité avec le maître. Sa fille, prétendument filleule de
Parker ? « Un commérage honteux » selon l'intéressé
qui n'a rien fait pour le faire cesser en faisant trôner
dans l'une des propriétés qu'il possédait alors, le Château Quinault l'Enclos – élevé au rang de Haut-Brion
de la rive droite par le grand critique –, une photo de
sa fille vêtue de blanc, portée comme le saint sacre-
ment par Parker. « C'était juste pour immortaliser la
venue de Bob[2] », explique Raynaud, faussement courroucé. Et ce dernier d'attaquer en diffamation ceux
qui avaient répandu cette information fallacieuse…
Car l'important n'était pas, bien entendu, que Parker soit réellement le parrain de la fille de Raynaud,
mais que tout le monde le croie ! Le personnage,
un brin mégalo, avait été jusqu'à faire réaliser une

---

1. *Ibid.*
2. *Ibid.*

gigantesque fresque dans sa cuverie. Une scène de vigne représentant tous les grands dégustateurs du moment : Michel Bettane, Michel Rolland et bien sûr Robert Parker. Dans le ciel, flottant au-dessus des hommes, habillé d'une toge – une toge ! – et coiffé d'une couronne de laurier : Alain Raynaud.

Son enthousiasme l'a parfois perdu. En 2000, alors qu'il était président de l'Union des grands crus (un club sélect qui regroupe une bonne partie des plus grands bordeaux) et sachant Parker friand de bonne chère, il décida de lui faire goûter en avant-première les vins à L'Aubergade, à Puymirol. Certes, le restaurant n'a pas encore ses trois étoiles mais il compte déjà parmi les très bonnes tables de la région. Grâce à Hanna Agostini, ancienne collaboratrice de Parker, on sait que les agapes furent bonnes et que tout fut fait pour que celui-ci soit dans de bonnes dispositions pour noter les vins qu'on lui présentait[1]... Résultat ? Le cru de Raynaud, Château Quinault, fut très bien noté. Cette proximité a beaucoup déplu à la bourgeoisie bordelaise et lui a coûté sa place de président de l'Union des grands crus. Qu'importe ! Raynaud montera dans la foulée le cercle Rive droite, ce qui n'a pas nui à ses affaires.

C'est d'ailleurs ce qui fait exister ce petit cercle, un club qui sinon aurait tout d'une coquille vide. Oui mais voilà, trois fois par an, c'est LE lieu où se rend Parker. Il y goûte tous les vins que son ami veut bien lui présenter. Comment ça se passe ? Entre amis justement ! « Le cercle Rive droite lui organise une

---

1. Hanna Agostini, Marie-Françoise Guichard, *Robert Parker, Anatomie d'un mythe*, Scali, 2007.

dégustation qui dure toute la journée, on déguste ensemble, on note, on commente[1] », s'enthousiasme Raynaud qui décrit avec fierté cette situation privilégiée où, assis en face du maître, il assiste à sa dégustation et l'oriente à sa guise... Ce petit business marche d'ailleurs si bien que Raynaud a décidé cette année de l'étendre à la rive gauche (le Médoc) et de créer un grand cercle.

Fort de cet atout majeur, le « bon docteur Raynaud » (il est aussi médecin de campagne et c'est ainsi que le surnomment ses ennemis) prend son bâton de pèlerin pour parcourir le Bordelais afin d'y proposer ses services... « Les propriétaires ne le prennent que pour aller porter les échantillons de leurs vins à Parker. Et mine de rien, ça fait un gentil petit business juste pour apporter des bouteilles à Dieu... », s'étrangle un œnologue conseil qui a préféré garder l'anonymat. « Ce n'est pas un mauvais investissement pour le vigneron », ironise Stéphane Derenoncourt, parce que si ça marche – mais ça ne marche pas toujours –, le contrat est vite valorisé. Ça coûte moins cher qu'une campagne de pub annuelle dans un canard[2]. » Surtout, ça rapporte beaucoup plus gros, puisque aucune promotion n'aura l'impact d'un 100 points labellisés Parker.

Une alliance de circonstance s'est d'ailleurs fait jour récemment entre Alain Raynaud, l'homme de Parker, et Hubert de Boüard, celui du classement. L'un apporte la note, l'autre, la perspective de deve-

1. *Ibid.*
2. Entretien du 11 avril 2013.

nir l'un des tout premiers crus au monde. Les deux font vendre.

Jean-François Quenin[1], président du syndicat de Saint-Émilion, a ainsi pris cette double assurance.

En tout cas, ce duo fonctionne à merveille, et les consultants qui ne peuvent pas offrir ces menus services l'ont appris à leurs dépens. Stéphane Derenoncourt s'est ainsi fait débarquer de Villemaurine, un château qu'il conseillait pourtant depuis des années. «Justin Onclin, négociant bordelais et propriétaire du château, est venu me voir à mon bureau, et il m'a dit : "Écoute, Stéphane, t'as pas le réseau, le vin, il est bon, mais on ne peut pas le faire goûter à Parker"[2]. » Exit Derenoncourt. Bonjour le duo terrible !

D'ailleurs, pas fou, Derenoncourt a lui aussi essayé de faire venir Parker. Mais le maître, pourtant maintes fois sollicité, n'a pas daigné se déplacer chez lui. Les autres consultants ont su l'en dissuader. « Moi vivant, il ne rencontrera jamais Parker », aurait lâché Alain Raynaud, lors d'une des dégustations publiques organisées par son cercle. On ne partage pas si aisément le gâteau.

La note de Parker, en effet, ce n'est pas le bon goût du vin – enfin, pas seulement –, mais l'assurance de

---

1. Jean-François Quenin a expliqué ainsi son choix pour ces deux consultants par mail du 17 novembre 2013 : « J'ai choisi mes consultants pour continuer à faire progresser la propriété. Autant Hubert de Boüard qu'Alain Raynaud ont fait leurs preuves. Leur expertise et, dans mon cas, leurs discussions (ils interviennent le plus souvent ensemble) sont évidemment d'une grande aide. Par ailleurs, ils peuvent également, l'un et l'autre, m'aider dans la promotion des vins (par exemple, présentation collective des primeurs de l'ensemble des vins conseillés par Hubert de Boüard). »
2. Entretien du 26 février 2013.

ventes garanties. Si les vignerons et les consultants se battent pour être sur sa route, les négociants le font aussi, mais pour pressentir les notes avant qu'elles ne soient rendues publiques. Parce que savoir ce qui va plaire à Parker avant que les notes ne sortent, c'est pouvoir acheter au plus bas ce qui se vendra bientôt, grâce au sésame du plus grand faiseur de roi, très cher. S'est ainsi installé, l'air de rien, au fil des années, un système lucratif d'échanges de services et d'informations entre initiés.

« Pourquoi croyez-vous que les négociants acceptent de faire la secrétaire pour Parker ? De lui faire apporter toutes les bouteilles ? De lui organiser tous ses rendez-vous ? Pourquoi ces mecs-là qui ont tous un ego surdimensionné acceptent-ils d'être sifflés ainsi ? C'est parce que leur récompense pour tous ces menus services rendus, c'est de pouvoir goûter avec lui ! Derrière lui, au plus près, le négociant lui glisse à l'oreille : "Celui-là, t'as bien aimé, Bob ?" Et les négociants achètent ou font mettre de côté les bouteilles que Parker a bien goûtées[1] », résume avec beaucoup de lucidité le critique Jean-Marc Quarin.

En résumé, tout Bordeaux veut faire de l'argent sur les notes de Parker. Même son ancienne collaboratrice Hanna Agostini s'est laissée éblouir par le magot qu'il représentait. Elle ne commit son livre contre Parker, *Anatomie d'un mythe,* que lorsqu'elle fut prise, elle aussi, les doigts dans le pot de confiture... Cette dernière était en effet la traductrice dévouée et adorée de Robert Parker ; elle se chargeait également de

---

1. Entretien du 25 janvier 2013.

préparer l'emploi du temps et l'itinéraire du maître. Un poste clé quand on sait combien il est important de se retrouver sur le chemin du grand homme. La jeune femme a aussi monté son cabinet de conseil en communication et a commencé à proposer de-ci de-là ses services.

« Hanna Agostini avait une société de consultant. Elle m'a proposé de devenir son client pour m'aider dans ma communication et dans la présentation de mes vins. Il était évident qu'étant la traductrice de Parker, elle nous offrait ainsi un accès à lui. C'était très cher d'ailleurs ; elle demandait des sommes importantes, mais c'était valable, tous ses clients étaient récompensés », explique ce vigneron qui n'a jamais voulu céder à ses avances.

Des accusations dont Hanna Agostini se défend dans son ouvrage, arguant qu'elle ne faisait que rendre plus transparentes et plus accessibles les dégustations du maître et que ce sont tous ceux qui jusque-là avaient la main sur Robert Parker et son emploi du temps qui ont œuvré, dans l'ombre, à sa chute à elle[1].

Quoi qu'il en soit, ce petit commerce entre amis aurait pu durer si Hanna Agostini n'avait pas été le dommage collatéral d'une énorme affaire de fraudes menée par un groupe belge. Cette entreprise s'était retrouvée impliquée dans de graves malversations, recourant à l'utilisation de produits de vinification interdits, écoulant des excédents de vin sous de

---

1. Nous avons tenté à plusieurs reprises de solliciter Hanna Agostini, sans succès.

fausses étiquettes... Autant d'affaires dans lesquelles Hanna Agostini n'avait rien à voir. Elle avait juste ouvert son carnet d'adresses à cette société. Elle lui avait notamment présenté le viticulteur Jean-Luc Thunevin, créateur des vins de garage : des micro-cuvées travaillées avec énormément de soin et vendues à prix d'or. Ce qu'ignorait Jean-Luc Thunevin, « c'est qu'Hanna Agostini facturait cette "mise en relation"[1] ». Quand on est la collaboratrice principale de Robert Parker, tous vos conseils sont éminemment précieux puisqu'ils vous ouvrent les portes du paradis. Parker, quand il apprit que sa collaboratrice faisait de l'argent sur son dos, l'a pris en mauvaise part et a coupé les ponts.

Car finalement, le seul qui, jusqu'à récemment, ne faisait pas (ou si peu !) d'argent sur son nom, c'était Robert Parker ! Mais l'homme a décidé de prendre une retraite plaquée or... Il a ainsi vendu son organe de presse, le *Wine Advocate*, pour 15 millions de dollars à des investisseurs singapouriens. La gentry viticole a d'ailleurs frémi à l'annonce de cette vente. Jusqu'à ce que Parker lève le doute et assure ses amis qu'il continuerait à veiller personnellement sur le Bordelais... Bordeaux respire, mais pour combien de temps ? Tous guettent les signes de faiblesse du grand homme, il a grossi, il est essoufflé, il a mal au dos... Et les digressions vont bon train sur la possible relève. Certains parient sur un Chinois. C'est le marché qui a toujours fait émerger les critiques phares. Le marché américain étant en passe de se

---

1. Éric Conan, dans *L'Express*, 2 novembre 2006.

faire balayer par le marché chinois, verra-t-on bientôt un Parker asiatique ?

Mais aura-t-il ce pouvoir magique de faire grimper les prix ? De rendre les crus spéculatifs ? Et d'aider autant les amis ?

En attendant, les Singapouriens semblent bien décidés, eux aussi, à rentabiliser leur investissement colossal.

Lors du dernier Vinexpo, Bernard Pujol, à la tête de Bordeaux Vins Sélection, une entreprise de négoce dans laquelle Hubert de Boüard a également quelques parts, a réuni dans une caisse de prestige cinq grands crus pour le millésime 2009 ayant obtenu 100/100 chez Parker. Six cents caisses de « Robert Parker Sélection » devaient être commercialisées dans les 2 000 euros. Pour cette modique somme sont inclus un abonnement d'un an au *Wine Advocate* et un petit film sur la méthode de dégustation du maître. La boîte devait également être signée de la main du grand homme. Oui mais voilà, devant le tollé engendré par la nouvelle, la direction a décidé de lever le pied. OK pour l'abonnement et la vidéo, non pour la signature. Quant à Pujol, il a payé cette faute de goût (ou ce coup de génie) en étant exclu de la fête de la Fleur et mis au ban de la gentry bordelaise. Les gens sont cruels.

Pourtant, cette première caisse siglée devrait faire date car les produits dérivés n'ont pas fini de fleurir.

Jean-Luc Thunevin, propriétaire du premier grand cru classé Valandraud, s'en amuse : « Tu aimes, tu n'aimes pas le procédé, mais c'est une idée géniale ! Parker, c'est une marque en or ! Ce groupe n'a pas aligné 15 millions d'euros juste pour un organe de presse. Tu verras, il y aura bientôt des autocollants avec les notes Parker, et nous devrons payer pour pouvoir les coller sur nos bouteilles. Et nous paierons tous, même ceux qui crient au scandale aujourd'hui. Pour la bonne et simple raison qu'il fait vendre[1] ! » résume, caustique, le vigneron.

Les Bordelais peuvent se frotter les mains. Parker est décidément la meilleure affaire qu'ils aient jamais faite !

---

1. Entretien du 4 juin 2013.

6.

Avec un vrai-faux arbitre, l'INAO

« Dans ce tout petit monde, on se tient par la bar-bichette. Il faut en connaître les us et coutumes, la langue, les fautes à éviter. Une fois que tu as intégré les codes, tu es sauvé[1] », ironise Jean-Luc Thunevin.

Chacun à sa place est garant du système. Personne ne peut réellement se permettre un pas de côté, de peur de faire s'écrouler ce bel édifice. On l'aura compris, dans cette république du vin, tout fonctionne en totale autonomie. La profession sait très bien s'autoréguler. À sa façon. Il fallait tout de même garder les apparences de l'impartialité. Sans perdre la main sur son avenir. Le meilleur moyen d'afficher sa vertu et de rester seul maître à bord était de choisir son propre gendarme. « Un garde champêtre tout au plus », s'amuse Jean-Luc Thune-vin. Une instance censée faire respecter les grands préceptes du vin... C'est ainsi que naquit l'INAO. L'intitulé exact est tout un programme : Institut national des origines et de la qualité. Un Institut qui, malgré son affichage vertueux, n'est qu'une coquille

---

1. Entretien du 29 septembre 2013.

vide, aux mains de ceux qui contrôlent déjà ce charmant petit monde.

Les vignerons sont de merveilleux conteurs. Ils aiment à narrer de très jolies histoires au coin du feu pour réchauffer leurs cœurs meurtris par les vicissitudes du système actuel. Mais l'INAO, c'est mieux encore. Un véritable conte de fées inventé pour nous persuader que ce cénacle est régi par des règles strictes sur lesquelles veillent des autorités morales incontestables ! La réalité est assez loin de ces nobles intentions.

Il est vrai que la création de cet organisme partait d'un bon sentiment. En fait, d'une initiative généreuse d'un certain Joseph Capus. Cet homme bien oublié fut ministre de l'Agriculture sous la IIIe République et sénateur de Gironde. Il a créé les appellations d'origine contrôlée et ce qui deviendra leur gendarme, cet organisme[1]. Un cadre imaginé pour que la viticulture, durement frappée par le phylloxéra, puisse se reconstruire. Un cadre mettant à l'honneur nos terroirs et sanctionnant la fraude dans laquelle sombraient chaque jour davantage nos vins. Une garantie d'authenticité puisque non seulement le vin doit provenir de la région dont il se prévaut, mais les vignes doivent aussi être cultivées dans des terroirs historiques, sur des sols et avec des cépages (types de plants de vigne) aptes à faire les plus grands vins. Bref, les appellations sont le cadre idéal pour

---

1. Quelques mois après la mort de Joseph Capus, le Comité national des appellations d'origine des vins et des eaux-de-vie allait devenir, par décret du 16 juillet 1947, l'Institut national des appellations d'origine des vins et eaux-de-vie.

un pays comme la France, attachée à son histoire, à l'authenticité de ses produits, à la pluralité de ses terroirs. Voilà pour la légende dorée.

Malheureusement, tout cela n'est qu'une jolie fable. Il suffit de se replonger dans l'histoire pour comprendre que le vin a toujours été un trublion incontrôlable. À chaque mesure qu'avançait le législateur pour moraliser le milieu, la viticulture la vidait de son sens. Toujours le pouvoir politique a reculé, de peur de heurter les vignerons. Et toujours les vignerons ont su mettre la main sur les organes qui étaient censés les contrôler.

De 1905, date de la loi délimitant les régions des appellations d'origine et de la création de la répression des fraudes, jusqu'en 1935 où sont créées les structures mêmes de contrôle de ces appellations, le lobby n'a eu de cesse d'émasculer toute législation de son contenu répressif. C'est la profession qui fera la loi.

Le Comité national des appellations et bientôt son excroissance administrative, l'INAO, est donc un « machin », pour paraphraser le général de Gaulle, tel que la France en a le secret. À certains égards, c'est une véritable captation de service public par une profession qui prospère depuis des décennies dans l'indifférence générale.

Devant la fronde menée en 1911 par les Champenois pour empêcher l'administration de venir mettre son nez dans leurs affaires, Capus comprit que les viticulteurs ne supporteraient d'être dirigés que… par eux-mêmes ! En un seul coup de force, aussi magistral fut-il, la profession avait obtenu le droit de devenir juge et partie. Puisque la viticulture était une affaire de spécialistes, les vignerons la prendraient en main. Ils édicteraient la loi qui leur convient, délimitant leurs territoires, choisissant les cépages, les rendements et auraient en outre le pouvoir de sanctionner, donc en quelque sorte le pouvoir judiciaire.

Pour résumer, la profession viticole s'est accaparé la gestion d'un organisme de service public censé la réglementer et l'encadrer ! Elle instaure les règles auxquelles elle a décidé de se soumettre, et elle tient les rênes du contrôle et de la sanction. Depuis Locke et Montesquieu, la théorie de la séparation des pouvoirs s'est imposée comme seul garant contre les risques d'arbitraire. Il est pour le moins paradoxal que les vignerons aient jugé bon de ne pas s'y soumettre. Ou comment élever le conflit d'intérêts au rang de chef-d'œuvre. Des arguments que Capus balayait d'un revers de main. Selon lui, la profession ne pouvait se commettre puisqu'il en laisserait la direction à une élite morale. Élite recrutée au sein des syndicats viticoles des appellations, sans passer par « le suffrage du nombre, inorganisé et impulsif[1] ». Ou comment rajouter la cooptation comme cerise sur le gâteau INAO. D'ailleurs, aujourd'hui encore, le système reste inchangé. Marc Parcé, viticulteur à Banyuls et membre de ce fameux Comité national de l'INAO, s'étonne de ce système répondant à l'arbitraire le plus complet. « Il n'y a pas de règle pour les nominations, c'est de la cooptation pure. Mais l'on est généralement choisi parmi les syndicalistes[2]. »

---

1. Germain Lafforgue, *Le Vignoble girondin*, préface et introduction de Joseph Capus, Louis Larmat éditeur, 1947, p. 35.
2. Entretien du 10 décembre 2012 avec Marc Parcé.

Et ce dernier de décrire les pressions de chacune des appellations pour faire monter leurs hommes et décrocher, elles aussi, ce fabuleux levier de pouvoir. « C'est amusant, parce que quand on entre dans ce petit cercle, on s'aperçoit combien les gens sont infiniment fiers d'appartenir à la caste. Les Français ont somme toute une conception très monarchique de la république[1] », ironise Parcé.

La question qui brûle les lèvres est : comment a-t-on pu faire preuve de tant de naïveté en créant cet organisme parapublic censé dépendre du ministère de l'Agriculture, mais en fait uniquement soumis à des intérêts privés ? On a laissé les commandes du navire à ceux-là mêmes qu'il était censé diriger. Pour paraphraser Rousseau, on serait tenté de dire : « S'il y avait un peuple de dieux, il se gouvernerait certainement selon les règles de l'INAO. Mais un gouvernement si parfait ne convient pas à des hommes[2]. »

Et c'est ainsi que l'on a fait mine de croire que les membres des comités de cet institut pour le moins baroque étaient un peuple de dieux échappant à toute tentation. Loin d'eux l'idée de protéger leurs propres intérêts, d'établir des rentes de situation, de sanctionner leurs concurrents au sein de l'appellation ! Comme si le fait de pouvoir délimiter des aires d'appellations aussi prestigieuses et cotées que la Champagne ou Pomerol ne représentait aucun enjeu financier. Comme si les viticulteurs en charge de ces questions n'étaient soumis à aucune pression, à aucun autre enjeu que celui du bien public. Il faut

---

1. *Ibid.*
2. *Du Contrat social*, Livre III, chap. IV.

avoir une confiance sacrée dans la nature humaine pour penser qu'une législation aussi vertueuse entre les mains des hommes ne tomberait pas dans des travers bien peu glorieux.

De fait, dans toutes les appellations où des enjeux financiers se font jour, une élite locale autoproclamée a pris les rênes du pouvoir. Faisant et défaisant le vignoble dans une situation quasi permanente de conflits d'intérêts. Et, contrairement aux apparences, la dernière réforme de l'un des présidents de cette étrange autorité, René Renou, n'y a rien changé. On a juste amélioré avec de nouveaux tuyaux cette usine à gaz. Les rouages sont restés en place.

« Les quelques mecs qui contrôlent le vignoble français depuis l'INAO, ce sont de grands féodaux, regrette Jean-Michel Deiss, vigneron alsacien amoureux du terroir. Il n'y a peut-être plus de geôles aujourd'hui, mais il y a des gens qui saignent[1]. »

Pour paraître plus proches de la base et plus ouverts aux problèmes des « sans-grade », les viticulteurs réunis dans un comité spécialisé de l'INAO ont, à la fin de son mandat, troqué leur ancien patron Yves Bénard, un homme du sérail, longtemps directeur général des activités champagne du groupe LVMH, autant dire un véritable chef gaulois paré de tous les attributs du pouvoir et proche des dieux de la finance, pour Christian Paly, président de la cave coopérative de Tavel. Soit dans ce monde-là, presque un gueux, représentant de cette viticulture qui tire la langue. Qu'on se rassure, l'homme est un apparat-

---

1. Entretien du 26 juin 2012.

chik – il dirige notamment le syndicat Inter Rhône, le puissant syndicat des vins de la vallée du Rhône – et a su se couler, avec maestria, dans ses nouvelles fonctions dont il tire, visiblement, une grande satisfaction. Quand il reçoit au siège de l'INAO, dans son bureau magistral à la décoration gentiment kitsch, flanqué de son numéro 2, Marie-Lise Molinier, ce petit homme ventru au teint rubicond semble tout droit sorti d'une des caricatures d'Honoré Daumier. Calé dans son fauteuil, il s'attache à avoir une posture digne de son nouveau statut. Quand il prend la parole – toujours avec emphase –, il use d'un vocabulaire précieux. Las, il bute sur chacun des mots et se tourne vers sa fidèle adjointe pour qu'elle le corrige ou au contraire lui donne son assentiment. Après avoir écorché « ersatz » et « s'esbaudir », il reprend inlassablement son bâton de pèlerin pour défendre son organisme dans un registre toujours plus lyrique. Car, sachez-le, « l'INAO est un cas particulier dans le droit administratif français, s'enflamme-t-il, c'est un établissement public unique en son genre puisqu'il associe en son sein les ministères de l'Agriculture, des Finances et les professionnels[1] ». Ça c'est sûr ! Et ceux qui oseraient s'inquiéter des risques de conflits d'intérêts ou d'arbitraire de cet organisme se voient prestement renvoyer dans les cordes : « On ne peut pas nous reprocher tout et son contraire ! », puis, tranchant : « Comment pourrais-je gérer cette maison si je devais en permanence me couper des professionnels ? »

On ne se coupera donc jamais d'eux, mais au

---

1. Entretien du 14 novembre 2013.

contraire, on les écoutera attentivement pour tenter, tant que faire se peut, d'agir en fonction de leurs attentes. Pour rester aimable...

C'est donc dans ce cadre propice que s'est inscrit Hubert de Boüard pour créer son classement. Cet homme à la phénoménale capacité de travail, semble-t-il, est tout à la fois membre du comité régional de l'INAO, membre du Comité national de ce même organisme et, un détail, exploitant de son propre domaine. En clair, il contrôle Bordeaux au niveau local et a également la main au niveau national. Ce renard n'étant pas du genre à laisser le hasard gouverner ses ambitions, il était d'ailleurs présent à trois réunions cruciales de cet organisme concernant le concours qui devait le couronner : le fameux classement de Saint-Émilion. Car c'est l'INAO qui est censé édicter les règles et mettre en place la commission chargée du bon déroulement de cette compétition. Cet homme d'influence, en tant que membre du Comité national de l'INAO – ça tombe bien –, était donc présent le 16 novembre 2010 pour l'approbation du règlement. Le 16 juin 2011, pour statuer sur la composition de la commission, forcément impartiale puisque composée de personnalités « extérieures » au milieu bordelais. Ainsi que le 10 avril 2012, pour les résultats du classement. Hubert de Boüard est décidément toujours au bon endroit, au bon moment...

Ce grand chef gaulois a d'ailleurs une réponse toute trouvée pour ceux qui s'offusqueraient de sa présence en ces lieux stratégiques : « Ne pas venir à deux réunions consécutives, c'est prendre le risque d'être radié du Comité national de l'INAO[1]. » C'est donc par pur civisme, par obligation morale et contractuelle, pour ainsi dire, que ce dernier s'est rendu à ces réunions décisives. À l'insu de son plein gré, en quelque sorte. « Puis, que les mauvaises langues cessent ! » s'emporte Christian Paly, le patron du Comité vin de l'INAO : lui, président, n'a-t-il pas prié toutes ces honnêtes gens de quitter la salle au moment du rendu final du classement ? Au fait : pourquoi les avoir fait sortir ?

À Saint-Émilion, on tousse. Quand le conflit d'intérêts est local, on peut jouer à armes égales, mais là… le syndicat ne risque pas de se rebeller et le gendarme du classement, l'INAO, non plus. Hubert de Boüard a désormais toutes les cartes en main et le fait savoir. « Hubert, depuis deux ans, il démarche des clients pour devenir leur winemaker en leur disant : "Venez avec moi, vous serez classés" », explique ce fin connaisseur de Saint-Émilion. Car Hubert de Boüard est aussi consultant pour une cinquantaine de crus bordelais à qui il apporte tout son savoir-faire et son fabuleux carnet d'adresses. Ses clients n'auront d'ailleurs pas à se plaindre puisqu'ils ont été ou promus ou maintenus dans leur classement[2]. Le Conseil des vins (le syndicat

---

1. Entretien du 13 novembre 2013.
2 « Hubert de Boüard peut se féliciter de la promotion de ses clients Le Clos de La Madeleine, du Château de Pressac (propriété de Jean-François Quenin, président du syndicat de Saint-Émilion), ainsi que du Château Ferrand, qui appartient à la famille du baron Bich. Ses autres clients, les châteaux La Commanderie, Grand-Corbin, Clos des Jacobins, Laroze (conseillé en association avec Michel Rolland), sont maintenus au rang de crus classés », Philippe Maurange, « Classement de Saint-Émilion : les faiseurs de rois », la *Revue du vin de France*, 10 septembre 2012.

viticole) est l'instigateur du classement ? L'INAO, son juge régulateur ? Et Boüard est lui-même candidat au classement et cherche à faire passer Angélus premier grand cru classé A ? Pire encore ? Il monnaie ses prestations œnologiques auprès de ses confrères vignerons qui tentent désespérément de conserver ou obtenir le classement ? Et alors ? L'intéressé lui-même n'y voit pas matière à polémique : « Tous les consultants ont eu beaucoup de promus, certains même en ont eu plus que moi, et pourtant ils ne font pas partie du Comité de l'INAO[1] ! » Sa présence au cœur d'un institut qui est censé être d'intérêt général ne semble d'ailleurs émouvoir que peu de monde. Comme s'il était de bon ton, à Saint-Émilion, d'être à la fois juge et partie. Ailleurs, on dénoncerait le conflit d'intérêts assez évident. Pas ici. Qui le ferait ? Le président du syndicat de Saint-Émilion, Jean-François Quenin, conseillé par Hubert de Boüard, dont le Château de Pressac était candidat au titre de grand cru classé ? Un rang qu'il a bien entendu obtenu.

Mais il faut reconnaître à l'homme une extrême habileté mise au service d'une totale détermination. Promouvoir ses seuls clients aurait été risqué : cela aurait pu l'exposer à la vindicte de ses collègues consultants. « Il a donc donné à manger à tous pour les faire taire », accuse ce propriétaire courroucé d'un premier grand cru classé. Ainsi, même ses plus féroces détracteurs, ayant obtenu ce qu'ils souhaitaient, sont un peu gênés pour le critiquer ouvertement. Il a donc récompensé le savoir-faire des deux principaux winemakers travaillant sur l'appellation de

---

1. Entretien du 13 novembre 2013.

Saint-Émilion, Michel Rolland et Stéphane Derenoncourt (il conseille sept des quatorze[1] premiers grands crus classés B). Comment aurait-il pu en être autrement ? Ces deux-là ont une notoriété internationale, il aurait été bien difficile de les boycotter.

Par ailleurs, pour toutes les audaces, les démarches un peu risquées de son classement, ce renard avance toujours (bien) accompagné. Il a promu en même temps que lui Pavie premier grand cru classé A. Et quand il a fait sauter une classe à des vins, les faisant passer de rien du tout à premiers grands crus classés, il adoube à la fois Valandraud (de Jean-Luc Thunevin) et La Mondotte (de Stephan von Neipperg), tous deux fins connaisseurs du microcosme de Saint-Émilion et personnalités mordantes qu'il est préférable d'avoir comme amis plutôt que comme adversaires !

Ce petit Machiavel du vin connaît bien les rouages du pouvoir et sait aussi donner le change pour ne pas paraître omnipotent. D'ailleurs, pour preuve de sa bonne foi et de l'indépendance du processus de classement – qui oserait en douter ? –, Hubert a œuvré à la mise en place d'une commission « impartiale ». « Une commission constituée de sept personnalités[2]

---

1. Larcis-Ducasse, Canon La Gaffelière, La Mondotte, Beauséjour (Duffau-Lagarosse), Clos Fourtet, La Gaffelière et Pavie-Macquin, *ibid.*

2. Robert Tinlot (président) ; région : Bourgogne ; ancien membre du Comité national vins AOC ; ancien directeur de l'OIV ; ancien inspecteur général honoraire de la répression des fraudes ; ancien professeur à l'Institut des hautes études de droit rural et d'économie agricole. Robert Drouhin ; région : Bourgogne ; ancien membre du Comité national vins AOC ; négociant ; Maison Joseph Drouhin. Marcel Guigal ; région : vallée du Rhône ; ancien

reconnues du monde viticole et extérieures à Saint-Émilion pour éviter tout conflit d'intérêts[1] », comme le souligne le dossier de presse du Conseil des vins de Saint-Émilion, celui-là même sur lequel il a régné des années durant. Pour preuve de sa rectitude, la commission a été nommée par le Comité national des vins et eaux-de-vie... auquel appartient Hubert de Boüard ! Une commission qui ne comprend que d'actuels ou d'anciens membres du Comité national de l'INAO où il siège et qu'il a nécessairement fréquentés. Une commission enfin qu'il a portée sur les fonts baptismaux puisqu'il était présent lors de la réunion présidant à sa composition. De là à dire que ce notable roué a œuvré à mettre sur pied une commission ad hoc qui lui convienne... Un pas que certains n'hésitent pas à franchir. « On a remplacé une commission de personnalités liées par la viticulture bordelaise par des gens qui ne sont liés qu'à Hubert. On a perdu des compétences puisque ces personnes ne connaissent rien à nos terroirs, mais il savait qu'il pouvait compter sur des amis tout en ayant l'air irréprochable », s'emporte un fin connais-

---

membre du Comité national vins AOC ; négociant et producteur. Marc Brugnon ; région : Champagne ; ancien membre du Comité national vins ; producteur. Gérard Vinet ; région : Val-de-Loire ; membre du Comité national vins AOC ; producteur. Michel Bronzo ; région : Provence ; membre du Comité national vins AOC et du conseil permanent ; producteur ; président du Crinao (comité régional de l'INAO) Provence-Corse. Philippe Faure-Brac, membre du Comité national vins AOC ; meilleur sommelier du monde en 1992 ; sommelier et restaurateur ; auteur de livres sur le vin.

1. Dossier de presse-Classement des vins de Saint-Émilion, 2012, du Conseil des vins de Saint-Émilion.

seur du milieu. Procès d'intention ? En tout cas l'intéressé s'en défend.

Lorsqu'on interroge Marc Parcé, lui aussi membre du Comité national de l'INAO, sur le classement de Saint-Émilion, il se demande, gêné, si « les dés n'étaient pas pipés ». Honnête, il ajoute, comme à regret : « Tout était déjà joué, ils sont arrivés avec des dossiers ficelés. On n'a rien pu faire[1]. »

Hubert, de son côté, crie à l'injustice. Qu'on se le dise, il est irréprochable. Sa prétendue proximité avec toutes ces personnalités de l'INAO ? Calomnie ! C'est d'ailleurs forcément un hasard s'il a pris le fils de Christian Paly, président du Comité national des vins à l'INAO, en stage sur sa propriété !

Et si Hubert s'occupe avec tant de dévouement de l'emploi du temps de Christian Paly quand ce dernier descend en terres saint-émilionnaises, s'assurant notamment qu'il sera bien reçu à Cheval Blanc, c'est par simple courtoisie.

Ce serait pure malveillance que d'affirmer que ces indices concordants sont une quelconque preuve de sa proximité avec le sérail de l'INAO.

« Décidément, il n'a vraiment peur de rien, cet Hubert ! » ricane l'un des grands manitous de cette jolie région.

Jusqu'à quand ?

---

1. Entretien du 15 octobre 2012.

7.

… Et au milieu, une poignée d'alchimistes

Il revient de Chine, passe par la Turquie, repart aux États-Unis (Virginie, Californie), puis s'en va au Liban. Deux jours à Bordeaux, puis Hong Kong. Afrique du Sud… Jet lag dans un sens, jet lag dans l'autre. C'est la vie trépidante des flying winemakers qu'on a aperçus dans le Médoc ou autour de Saint-Émilion. Littéralement : des faiseurs de vins volants. On ne les appelle plus vignerons ni viticulteurs, pour la simple raison qu'ils ne touchent plus terre. Ils volent littéralement de vignobles en vignobles, traversant le monde comme des lapins Duracell de l'œnologie moderne. Et d'Ürümqi à Cape Town, en passant par Beyrouth ou São Paulo, c'est toujours le même quarteron de grands noms qui officie sur les vins et fait désormais fonctionner le royaume enchanté.

Quelques happy few qui tiennent la hiérarchie. Ce sont les grands fauves de ce monde sans pitié où les plus petits sont progressivement broyés sans même avoir eu le temps d'exister. Depuis une quinzaine d'années, on les paie des sommes mirobolantes, car on leur prête d'immenses pouvoirs et notamment celui de faire exister vos vins, de créer une marque, et donc d'aider à les vendre. Si possible très cher...

Leur travail ? Conseiller les propriétaires sur la façon dont ils mènent leur vignoble et dont ils vinifient leur vin.

C'est Michel Rolland qui a inventé le métier, un jour qu'il en avait assez d'être coincé dans son laboratoire de Pomerol. Tout plutôt que de rester derrière sa paillasse ! C'est en constatant les ravages de l'agriculture productiviste dans les vignes bordelaises que Rolland a eu l'idée de monnayer ses conseils aux propriétaires. L'époque (fin des années soixante-dix, début des années quatre-vingt) était propice puisque même dans le saint des saints, on s'était laissé aller aux rêves de volumes que pouvait offrir l'excès d'engrais et de pesticides. Les vins étaient trop clairs, les rendements trop importants. Les machines à vendanger avaient transformé les raisins « en soupe de sorcière où l'on trouvait crapauds, souris et escargots[1] ». Il fallait donc mettre de l'ordre dans tout cela. Il faut entendre ce grand fauve raconter avec gourmandise ses débuts. « Personne ne connaîtra ce que j'ai connu. J'ai débroussaillé une jungle à la machette, et j'ai su imposer un standard de qualité[2]. » Il a goûté les raisins, exigé de diminuer les rendements. En quelques décennies, il s'est imposé comme le magicien des vignes. « Si ces winemakers ont émergé, c'est parce qu'il y avait un déficit de qualité dans les grands crus[3] », explique un autre consultant, Jean-Luc

---

1. Entretien du 1er juillet 2013.
2. *Ibid.*
3. Entretien du 23 octobre 2012.

Thunevin, instigateur de ce qu'on appelle les vins de garage. Lui s'est fait une réputation en créant des micro-cuvées, d'une très bonne qualité, qu'il vendait extrêmement cher. « C'est comme ça que j'ai émergé. La beauté garagiste, c'est quoi ? Des vins fabriqués sans pognon, dans des garages, mais sur lesquels on s'est appliqué comme s'il s'agissait de haute couture[1]. » Et ce dernier de dénoncer tous les grands crus qui, sous prétexte d'être situés en terroir bordelais, ont fait, des années durant, des vins de piètre qualité. « Comme ce n'était pas bon et qu'à Bordeaux on a toujours été d'extraordinaires joueurs de pipeau, on racontait aux acheteurs que si c'était mauvais, c'est parce que les vins étaient fermés, qu'il fallait attendre, que c'était même la marque de fabrique des grands vins de garde ! » se remémore, hilare, Jean-Luc Thunevin. « Certains grands crus bordelais n'étaient même pas dignes d'être mis en bouteille, renchérit Hubert de Boüard. Ces très grands crus ont eu des heures très sombres[2]. »

Mais si les excès de l'agriculture intensive ont mis sur le devant de la scène ces alchimistes d'un nouveau genre, c'est avec l'arrivée des gros investisseurs, des stars et de tous ceux qui souhaitaient investir dans les vignes que leur métier a littéralement explosé. Ces beautiful people ne connaissant rien aux raisins, il leur fallait d'excellents techniciens, un beau réseau, de bons contacts pour pouvoir investir ce monde opaque. C'est ce que les winemakers leur ont apporté. « N'oublie jamais que toute la communica-

---

1. *Ibid.*
2. Entretien du 13 mai 2013.

tion du vin, le consulting, s'est construit, a grandi et prospéré grâce à ces gens-là », résume, lucide, l'une des meilleures attachées de presse du milieu. Il fallait donc apprendre à ces novices argentés à faire du vin, mais aussi et surtout à le vendre. « Nous avons appris, avec eux, à créer des marques. »

« Plus qu'un savoir-faire, c'est un réseau qu'on leur apporte. Nous leur présentons les négociants qui comptent sur la place de Bordeaux, ainsi que les critiques français et internationaux qui font la pluie et le beau temps et tiennent les plus grandes revues sur le vin. Ce qu'ils paient, principalement, c'est notre carnet d'adresses[1]. »

À entendre Hubert de Boüard étaler comme lettres de noblesse son ancienneté de huit générations sur les terres saint-émilionnaises, on comprend combien ce milieu est fermé et consanguin. Gare aux nouveaux venus qui ne sauront offrir que leur talent. Thunevin, petit immigré pied-noir, s'est ainsi fait traiter d'étranger des années durant, alors même qu'il avait usé ses pantalons sur les mêmes bancs d'école que tous les châtelains. Quant à Derenoncourt, fils de prolétaires du Nord et ancien ouvrier, il ne sera jamais tout à fait accepté par le milieu.

Le premier des réseaux repose bien entendu sur une éventuelle proximité avec Parker. C'est d'ailleurs une tentation de Rolland, le plus incontournable des conseillers volants. Tous essaient d'attirer l'Américain dans leurs filets. Cette année, pour la première fois depuis qu'il est classé A, Hubert de Boüard y est parvenu. « Il » s'est déplacé en personne à Angélus.

---

1. Entretien avec Jean-Luc Thunevin du 19 mars 2013.

Hubertus Magnus en est très fier. Il aura donc réussi coup double : le classement et... devenir un passage obligé de Parker. Pour Hubert de Boüard, l'enjeu était de taille : maintenant que ses clients avaient obtenu le classement, que pouvait-il leur promettre pour les conserver dans son escarcelle, si ce n'est Parker ?

Quand on est un célèbre winemaker, une mauvaise note du maître est du plus mauvais effet. Les propriétaires s'attendent à des résultats. Et lorsqu'ils ne les obtiennent pas, c'est au minimum une remontrance. Parfois, c'est carrément la porte !

Si le gourou américain présente tant d'intérêt, c'est parce qu'il fait vendre. « Nous sommes des businessmen, pas des poètes, tranche Michel Rolland. Ce qu'on attend de nous, c'est de faire des bons vins, mais surtout de savoir les vendre[1]. » Et sa marque fait vendre, même s'il n'a pas matériellement le temps de s'occuper en personne de tous les vins qu'il conseille. Qu'importe ! Ce que l'on achète, c'est le nom, la griffe.

C'est ce que ces consultants de haut vol ont offert aux nouveaux propriétaires. Ils sont les têtes d'affiche dont les financiers ont eu besoin pour faire exister leurs vignobles. Ils ont eu d'autant moins de mal à convaincre cette nouvelle clientèle que celle-ci vient principalement du monde des affaires et ne sait que trop bien combien la réputation, la création de marque sont primordiales pour lancer un « produit ». « Ces gens-là, aujourd'hui, veulent placer leurs actifs dans un secteur solide, alors ils prennent un gou-

---

1. Entretien du 1er juillet 2013.

rou pour la vinification afin de pouvoir se vanter de fabriquer les meilleurs vins du monde ! Et voilà comment on fait fructifier son argent[1] ! », résume, lucide, Dominique Techer, le dernier paysan du plateau de Pomerol. « Ils constituent leur équipe comme un réalisateur fait son casting ; il faut la plus jolie actrice du moment, l'acteur le plus bankable, un bon scénariste. Puis, une fois engrangé le savoir-faire, il faut le faire savoir ! », commente une attachée de presse du milieu.

Le très aristocratique gérant des mythiques Cheval Blanc et Yquem n'a pas de mots assez durs envers ces consultants. Il en utilise un pourtant, Denis Dubourdieu, spécialiste des blancs. Ce qu'on reproche à ces winemakers ? D'être insuffisamment présents, de ne pas fouler tous les jours les vignobles qu'ils conseillent, et finalement, de ne pas être crédibles. Ce qu'il oublie, c'est que Cheval (les connaisseurs ne disent pas Cheval Blanc, ils s'arrêtent à Cheval en appuyant bien sur la dernière syllabe) a déjà un ambassadeur, une tête de pont qui, mieux que personne, sait vendre sa marque et que cet homme, délicieux au demeurant, c'est Pierre Lurton justement. C'est lui le consultant des châteaux de Bernard Arnault. Il faut l'entendre narrer par le menu, à une tablée de journalistes triés sur le volet – on comptait parmi les convives la directrice de l'information d'une des plus grandes chaînes de France –, les réceptions que donne la maison (« Cheval » donc !) pour recevoir le chanteur Bono, Vladimir Poutine ou le roi de Jordanie, pour comprendre que ce châ-

---

1. Entretien du 20 mars 2013.

teau-là n'a nul besoin d'autre consultant que lui ! À Poutine, on a offert des années significatives, celle de son accession au pouvoir (le mythique 2000), et une bouteille pour l'année de naissance de chacun de ses enfants... Le marché russe est important et le talent de cet homme est de savoir faire des affaires sans en avoir l'air, avec des coups de billard à trois bandes (au minimum), tout en recevant avec classe. Il soigne ses effets, et dans un français plus que parfait, avec un phrasé excessivement bien articulé comme ne savent l'énoncer que les gens bien nés, il ajoute : « Il est vrai que le groupe [comprendre LVMH] aime bien m'appeler quand il lance des événements pour d'autres marques, pour que je tienne, modestement, un petit coin buvette[1]. » Où ne seront servies que de très grandes années de Cheval ou d'Yquem...

Plaire aux relais d'opinion fait donc partie intégrante du métier. Il faut être identifié, connu, donc reconnu et si possible encensé. Lors de la dernière campagne des primeurs bordelais (la vente en avant-première des grands crus qui se tient chaque année en avril pour proposer des vins jeunes vendangés en octobre), la lecture des très nombreux suppléments de journaux pouvait laisser penser qu'il n'y avait plus que trois winemakers sur toute la France : Hubert de Boüard (également propriétaire d'Angélus), Stéphane Derenoncourt et Michel Rolland...

Bref, on courtise les journalistes qui vous le rendent bien et ainsi va ce petit monde du vin. D'ailleurs, dans les classements de la presse, on retrouve tou-

---

1. Entretien du 4 octobre 2013.

jours les mêmes. Hubert de Boüard, sacré homme de l'année 2013 par la *Revue du vin de France,* mais également (et quelques semaines plus tard) heureux élu parmi les deux cents personnalités du monde du vin. Quinzième rang pour Hubert de Boüard, vingt-sixième pour Stéphane Derenoncourt, et « seulement » trente-troisième et quarante-sixième pour Michel Rolland et Jean-Luc Thunevin, relégués au rang d'« influents » quand les premiers sont des « incontournables »...

Désormais, ces winemakers deviennent eux-mêmes des marques. Et la boucle est bouclée.

Un rôle d'entremetteur que Jean-Luc Thunevin assume totalement : « Je suis payé pour ça, c'est ce qu'on appelle un travail de consultant. Je ne suis pas le seul à faire ça. Michel Rolland a toujours fait ce travail d'après-vente. Il n'est pas seulement œnologue, il présente aussi les vins qu'il conseille aux médias. Rolland sait bien que ce n'est pas le tout de donner des conseils sur le vin, il faut aussi aider les gens à la promotion qui aide à la vente. Et c'est offert dans le paquet[1]. »

Au fond, ce que demandent les journalistes, c'est d'identifier un homme (ou une femme) qui saura leur raconter une histoire. Ce que ces gourous d'un nouveau genre font avec brio. Bien sûr, il arrive que ceux qui racontent de belles histoires fassent des vins médiocres. Oui mais voilà, ils les racontent tellement bien – et sont d'ailleurs payés pour ça. Tant pis pour les petits vignerons qui n'auraient pas leur éloquence...

« Mais pour rester incontournable, il faut toujours trouver quelque chose de neuf. Tu découvres une

---

1. Entretien du 29 mars 2013.

barrique qui vinifie autrement, tu communiques dessus pour montrer que tu es le type qui déniche les dernières innovations... Sauf qu'une fois que tu as communiqué, tout le monde s'y met et qu'il faut trouver autre chose si tu veux rester au top, sinon tu es mort[1] », explique froidement Jean-Luc Thunevin.

Une angoisse viscérale que partage Hubert de Boüard : « C'est très dur d'avoir continuellement une idée neuve. On est dans une fuite en avant perpétuelle[2]. »

Pourtant, l'homme ne manque pas d'idées. Sa dernière trouvaille ? Mettre son vin la tête à l'envers ! Il a ainsi fait installer dans son château La Fleur de Boüard, sis en Lalande-de-Pomerol, de sublimissimes cuves tronconiques inversées. En clair, les cuves, au lieu d'être posées par terre, jaillissent du plafond. Bien entendu, comme elles tombent du ciel, le vin ne peut qu'en être bien meilleur ! Les journalistes de la revue *La Vigne* ont, semble-t-il, été littéralement bluffés par cette ingénieuse idée. Dans ce qui s'apparente à un reportage très enthousiaste, la rédaction lui a accordé deux pages pour faire la promotion de cette initiative.[3] Au fait : à quoi ça sert pour la qualité du vin ?

À pas grand-chose, à en croire Pascal Chatonnet, œnologue et directeur du laboratoire d'analyses Excell à Bordeaux : « Chaque époque a ses modes : cuves en inox, cuves en bois, cuves en forme d'œuf, maintenant c'est le vortex, parce que c'est plus sexy

---

1. Entretien du 19 mars 2013.
2. Entretien du 13 mai 2013.
3 « La Fleur de Boüard, un chai totalement renversant », *La Vigne*, n° 244, juillet-août 2012, p. 40-41.

de parler de vortex... Alors il y avait déjà les cuves tronconiques, mais maintenant attention, elles sont inversées ! Ça change tout, ajoute-t-il, hilare. Le truc, c'est qu'il faut toujours quelque chose de nouveau pour faire le buzz et plaire aux journalistes[1]... »

Tout ce petit monde s'épie, se jalouse et passe son temps et son énergie à essayer de débaucher les clients des autres... Quelle victoire quand on a fait tomber tel grand cru dans son escarcelle ! En ce moment, c'est haro sur Rolland, star vieillissante paraît-il, dont les jeunes loups ont hâte de dépecer l'empire. Tout en veillant bien à ne pas déboulonner trop vite la statue du commandeur. Mais au fond, ce sont les propriétaires qui ont la main, adoubant les uns, répudiant les autres et changeant de cheval pour suivre les modes. Un petit jeu que ne goûte que très moyennement Stéphane Derenoncourt. Être l'homme objet que les propriétaires peuvent acheter ou jeter comme bon leur semble, très peu pour lui. Le personnage est connu pour ses colères homériques et ses clients savent bien quelle limite ne pas dépasser. Une fois par an (voire plus selon son humeur), ce chti au caractère bien trempé vire les clients qu'il trouve trop casse-pieds ou trop encombrants. Pourtant, tous n'ont pas la possibilité de les accepter... ou de les refuser. Comme le reconnaît Laurent Benoit, ancien éleveur de porcs noirs gentiment baba cool qui s'est recyclé dans les grands crus classés et qui désormais travaille pour Hubert de Boüard, « Certains ne sont pas aussi regardants sur le pedigree de leurs clients,

---

1. Entretien du 28 mars 2013.

on ne peut pas toujours se le permettre[1]... ». Si la bataille est aussi rude, c'est que les enjeux financiers sont, il est vrai, colossaux.

En France, ces stars facturent entre 10 000 et 45 000 euros par an leur prestation. Mais tous ces alchimistes font leur réputation dans le Bordelais pour mieux pouvoir ensuite la monnayer à l'étranger. « Tu crois qu'ils les prennent pourquoi, ces contrats à l'étranger ? Ils s'y rendent deux-trois fois par an. Michel Rolland, il a un truc en Argentine, il y va une fois tous les deux ans. C'est le jackpot ! Tu peux compter 150 000 euros pour un contrat hors de nos frontières. Et comme tu ne peux pas suivre les domaines comme tu le fais ici, que les gens ne peuvent pas t'appeler et te solliciter continuellement, tu te fais beaucoup moins chier pour beaucoup plus de pognon ! », résume, avec le sourire, un spécialiste qui préfère rester dans le Bordelais. Derenoncourt avance 130 000 euros pour des contrats en Inde et jusqu'à 150 000 en Chine. Quand on conseille une centaine de domaines à travers le monde, ça commence à faire un vrai business.

On comprend qu'à ce prix-là, la compétition soit rude. Et quand on a fait de son savoir-faire une marque, pourquoi ne pas continuer à rentabiliser son nom ? Tous ont donc, depuis peu, créé une ligne de vins d'entrée de gamme, à laquelle ils ont prêté leurs – chers – patronymes.

Chez le seigneur de Saint-Émilion, on file la métaphore quasi christique. Après Angélus pour le grand cru, les petits vins s'appelleront : Révélations par

---

1. Entretien du 7 juin 2013.

Hubert de Boüard. En toute simplicité. Chez Dere-noncourt, on la joue plus modeste et beaucoup plus terroir avec les Parcelles. Mais dans un cas comme dans l'autre, on vend son nom sur des centaines de milliers de bouteilles. Droit à l'image, pourcentage sur les ventes, facturation du conseil. Car ce que les négo-ciants, autant dire les marchands de vins, attendent de ces grands noms, c'est qu'ils les aident à écouler leurs centaines de milliers d'hectolitres de crus modestes.

Ces winemakers sont en quelque sorte les Karl Lager-feld du vin que les émules viticoles de François Pinault ou Bernard Arnault mettent en tête d'affiche. Ils ont certes du talent, mais on les achète surtout pour faire vendre sur leurs noms, pour lancer des marques. Et pour renchérir les prix. Signé Rolland, ça vaut plus cher, forcément. Puis, on décline sans fin ce nom et cette marque : comme Lagerfeld s'était vendu à H&M, Derenoncourt s'achète chez Auchan à 4,50 euros. Le commun des mortels a ainsi l'impression de s'offrir sa part de rêve alors qu'il n'acquiert qu'un petit plat préparé signé du nom d'un très grand chef étoilé.

« Rolland ne s'est jamais considéré comme un sor-cier mais comme une signature additive pour aider à la vente des vins qu'il conseille », explique, serei-nement, Jean-Luc Thunevin[1]. La question qui reste en suspens est la suivante : tous ces winemakers qui conseillent tellement de propriétés, font-ils encore vendre sur leur nom ?

Les voies des marques sont, semble-t-il, impéné-trables et... lucratives !

---

1. Entretien du 6 juin 2013.

8.

... Qui recèlent un dangereux secret

14 février 2013. C'est un homme longiligne et timide qui débarque ce matin-là face à une assemblée de journalistes venus écouter la conférence du scientifique Pascal Chatonnet, patron du laboratoire Excell, sur les résidus de pesticides dans le vin.

Il est calme et posé. Et n'a rien d'un militant sulfureux. Les vignobles dont il a la charge ne sont pas même en bio. Il s'appelle Alain Dourthe, c'est le directeur des propriétés de Silvio Denz, le patron de Lalique, qui a fait appel à l'architecte Mario Botta pour lui construire une cathédrale digne de ses vins.

Ce grand timide règne sur cinq châteaux et 120 hectares de vignes. L'homme n'a donc rien du hippie révolté. Il sait qu'il fait partie du saint des saints.

Sa colère froide en est d'autant plus surprenante. L'omertà qui frappe sa profession concernant la question des résidus de pesticides dans les vins est pour lui aussi incompréhensible qu'insupportable.

Ce matin-là, il vient courageusement témoigner. Oui, cela fait de nombreuses années qu'il s'est engagé sur le chemin d'une agriculture raisonnée. Oui, il essaie vaille que vaille de réduire le nombre de pesticides utilisés. Et il en tire une certaine fierté. Tellement d'ailleurs qu'il s'est dit que pour postuler au dernier classement de Saint-Émilion, ce serait un plus que d'apporter la preuve que ses vins ne sont pas « chargés ». Il a donc fait analyser les dix derniers millésimes des deux propriétés qui concouraient. Il voulait montrer à la commission du classement que « tous les vins produits par lui depuis dix ans étaient exempts de pesticides ».

Sauf qu'à sa grande surprise, ce n'était pas le cas. « Dans toutes les bouteilles antérieures à 2005, on retrouve des insecticides et surtout des anti-botrytis (un champignon). À partir de cette date, on a arrêté ces produits, et il n'y a plus de traces dans nos bouteilles. » Il est manifestement chamboulé. « Ça me donne le frisson. On me disait que les levures servant à la vinification dégradaient les pesticides, les absorbaient en quelque sorte, mais la réalité est là, les chiffres parlent d'eux-mêmes[1] », poursuit-il dans un souffle.

« Depuis 1999, on fait systématiquement les contrôles pesticides sur les raisins avant vendange. Personne ne nous a jamais demandé nos analyses. Tout le monde s'en fout. La profession n'en a rien à faire des résultats qu'on leur donne sur l'absence de pesticides dans nos vins[2] », peste le vigneron meurtri.

C'est d'autant plus rageant que ces pratiques vertueuses, plus onéreuses et plus gourmandes en main-d'œuvre, ne sont absolument pas valorisées par le négoce bordelais dont le seul but est d'acheter à moindre coût.

---

1. Entretien du 14 février 2013.
2. Entretien du 28 mars 2013.

Pourquoi ces analyses sur les vins semblent-elles si éloignées des préoccupations de la profession ? Parce que le vin jouit d'une incroyable impunité. C'est en effet l'un des seuls produits à ne pas devoir se plier à une limite maximale de résidus. On l'exige de nos fruits et légumes, de nos farines et de nos pains, mais pas de notre vin.

Celui-ci n'est soumis qu'aux limites maximales de résidus des raisins de cuve. En résumé, on veut bien regarder ce qu'il y a comme pesticides sur les raisins avant vinification (mais dans les faits, on ne pratique pas ces analyses), par contre, une fois en bouteilles, plus aucun contrôle ! Comme si tous les résidus s'étaient évaporés par la magie du dieu Bacchus !

Les fameuses LMR (limites maximales de résidus) concernant les raisins de cuve sont en outre excessivement élevées et absolument inadaptées. Pour le dire simplement, si on retrouve dans des vins des LMR supérieures à ce qui est autorisé sur le raisin, c'est que le viticulteur n'y sera pas allé de main morte !

« On frôle l'hypocrisie, reconnaît Pascal Chatonnet. Tout le monde sait pertinemment qu'elles sont bien trop élevées[1]. » Ce scientifique a d'ailleurs décidé de proposer à ses clients de s'astreindre d'eux-mêmes à des LMR « vin ». Il a établi, pour les résidus que l'on pourrait trouver dans leurs crus, des limites dix à mille fois inférieures à ce qui existe actuellement. « Pourquoi ? Parce que la vinification est un processus extrêmement efficace pour éliminer les résidus, il n'y a donc strictement aucune raison d'en retrouver des quantités voisines, ou égales, ou légèrement infé-

---

1. *Ibid.*

rieures à celles du raisin dans les vins[1]. » Le scientifique ne tolère qu'un cocktail de cinq fongicides maximum, dont la somme ne dépasse pas 0,05 mg/kg, soit... cent fois tout de même ce qu'on tolère dans l'eau du robinet ! Pourtant, malgré le caractère, disons souple, de cette autorégulation, la plupart des vins qu'il a analysés lors de sa dernière étude n'auraient pas pu décrocher son label de qualité. Il y a donc un problème. Un scandale enterré jusqu'ici soigneusement.

Pascal Chatonnet ne comprend pas les réticences de la profession. Il est persuadé que l'on en viendra à une législation contraignante, que c'est le cours des choses. En attendant, il constate que les LMR sont davantage fixées par des politiques soucieux de ne froisser personne – et surtout pas des acteurs économiques aussi puissants que ceux du vin – que par des scientifiques objectifs.

N'en déplaise à notre chercheur, pour l'instant, la stratégie de la profession est celle de l'omertà. D'ailleurs, le franc-parler de Pascal Chatonnet « hérisse le poil », comme il le confie lui-même. « Le CIVB [Conseil interprofessionnel des vins de Bordeaux] est vent debout contre ce que l'on fait. Ils sont fous de rage que l'on aborde un sujet qu'ils ont décidé de taire[2]. »

Mais rien de cela ne devrait arrêter ce scientifique déterminé. « Quand on fait notre métier, soit on décide de travailler, soit on décide de faire de la politique. On a fait le choix de travailler[3] », se félicite-t-il.

---

1. *Ibid.*
2. Entretien du 28 février 2013.
3. Entretien du 15 février 2013.

Son laboratoire avait d'ailleurs participé à un grand observatoire lancé par l'Institut français de la vigne pour passer au crible les vins de toutes les régions viticoles de France. Des résultats que l'Institut n'a jamais publiés. « Ils considèrent que tout est repris de manière alarmante, regrette Pascal Chatonnet. Quand l'IFV a commandé cette analyse, ils se sont fait taper sur les doigts par l'interprofession ; or, comme c'est l'interprofession qui les finance... On a préféré enterrer le dossier[1] », constate le scientifique[2].

Cachez donc ces pesticides que nous ne saurions voir... Parfois, la politique de dissimulation de la profession frise le ridicule. Lors de la conférence de Pascal Chatonnet, un scientifique de l'IFV était venu présenter les résultats de ses recherches sur l'influence d'une meilleure connaissance météorologique pour diminuer l'utilisation de pesticides. Une étude plutôt positive montrant que la profession essaie de mieux faire. Rien de subversif, en tout état de cause. Malgré l'innocence du sujet, les responsables de ce chercheur ne l'ont pas autorisé à diffuser la version papier de sa présentation, ni le film qui a été fait de sa prestation.

Rien de plus suspect, pourtant, que ce qui est dissimulé. On pensait la loi du silence du royaume enchanté brisée depuis la publication, en 2005, de la grande étude menée par la Direction générale de l'alimentation (de 1990 à 2003) : 1 122 échantillons de vin avaient été analysés pour y débusquer les résidus de pesticides. L'enquête avait révélé notamment que sur dix substances

---

1. Entretien du 28 février 2013.
2. Interrogée sur ces questions, Mme Magali Grinbaum, de l'Institut français de la vigne et du vin, ne nous a pas répondu.

actives appliquées par un viticulteur sur une parcelle, cinq risquaient de se retrouver dans le raisin et trois dans le vin. Cette étude avait été initiée pour des raisons politiques : des vins français s'étaient fait bloquer à la frontière américaine parce qu'ils contenaient une molécule appelée procymidone... Il n'était donc, une fois encore, point question de santé publique, mais... de marchés menacés. Et depuis ? Plus rien.

Mais si aucune législation n'existe sur le plan international, certains pays se montrent pourtant bien plus tatillons que nous. C'est le cas notamment de la Suisse qui a fixé une LMR vin très restrictive concernant un fongicide très utilisé en viticulture[1]. Ou encore du Japon qui impose des normes plus exigeantes.

« Je ne comprends pas mes collègues ! s'emporte Alain Dourthe. La majorité des grands crus classés s'exportent à 85 % à l'étranger. Comment continuer à vivre avec pareille épée de Damoclès[2] ? »

Peut-être justement parce qu'ils savent pertinemment qu'ils ont toutes les chances de passer entre les mailles du filet... « Il y a insuffisamment de contrôles à la douane. Et quand les marchandises sont bloquées, c'est bien souvent pour des raisons politiques. Les pays tiers vers lesquels nous exportons ne vérifient les lots que quand ils veulent mettre la pression, résume avec lucidité Pascal Chatonnet. C'est ce qu'a fait la Chine en janvier 2013. Ils ont décrété que puisque certains perturbateurs endocriniens[3] et

---

1. Il s'agit du folpet destiné à l'origine à lutter contre le mildiou ou l'oïdium.

2. Entretien du 28 mars 2013.

3. Définition proposée par l'Organisation mondiale de la santé en 2002 et citée par l'Anses (Agence nationale de sécurité sanitaire de

phtalates étaient désormais interdits chez nous, on ne devait plus en trouver la moindre trace dans les alcools que nous leur vendons. Mais tout ça, c'est du cinéma. Un moyen de rétorsion : si tu m'enquiquines avec ce que j'exporte chez toi, je ferai de même avec tes produits[1] », constate le scientifique. C'est ainsi que la Chine a bloqué des conteneurs de cognac à la frontière. Et qu'un vent de panique a soufflé sur tous les plus grands crus français qui ont alors pris d'assaut les laboratoires d'analyses.

Puis la crise est passée et la profession a repris sa posture habituelle. « C'est la politique de l'autruche, c'est certain. On enfonce la tête dans le sable, on ne voit pas le problème, donc on décrète qu'il n'y en a pas[2] », ironise Pascal Chatonnet.

Forcément, cette stratégie a de quoi en agacer plus d'un. Certains contestataires de ce système, soucieux de transparence, font ainsi paraître des analyses dans la presse, à intervalles réguliers. La première à avoir dégainé contre cette inquiétante exception viticole est une ONG, Générations Futures, spécialisée dans la lutte contre les pesticides. Des militants qui ont à cœur de dévoiler l'impact de ces produits sur notre santé et l'environnement.

Le 26 mars 2008, ils dévoilent une étude qui fera date, menée sur quarante bouteilles de vin en prove-

---

l'alimentation, de l'environnement et du travail) : « Un perturbateur endocrinien potentiel est une substance ou un mélange exogène, possédant des propriétés susceptibles d'induire une perturbation endocrinienne dans un organisme intact, chez ses descendants ou au sein de (sous-)populations. »
1. Entretien du 28 février 2013.
2. Entretien du 28 mars 2013.

nance de France, d'Autriche, d'Allemagne, d'Italie, du Portugal, d'Afrique du Sud, d'Australie et du Chili... Résultat : 100 % des vins en agriculture conventionnelle sont contaminés. L'étude avait épinglé notamment de prestigieux bourgognes ainsi que des pomerol. Les noms des propriétés n'ont pas été divulgués par crainte d'un procès. L'idée n'était pas non plus de vouer aux gémonies tel ou tel, mais de démontrer que dans l'état actuel de la législation, certains vins n'étaient pas à la hauteur de leur réputation. L'étude mettait en avant plus de quatre résidus différents par bouteille, les vins les plus touchés en contenant jusqu'à quatorze. Dans certains vins testés, l'ONG avait retrouvé des doses cinq mille huit cents fois supérieures à ce qu'on peut tolérer dans l'eau potable. Faut-il s'en étonner quand on sait que la viticulture hexagonale utilise près de 20 % des produits phytosanitaires sur quelque 3 % de la surface agricole utile ? Et que la France, comme le soulève presque incrédule le *New York Times*[1], est championne européenne de la consommation de pesticides ?

En décembre 2009[2] puis en mars 2010, c'est au tour de la *Revue du vin de France* de se livrer à des analyses sur quatre bouteilles issues de quatre régions différentes du millésime 2004 : Château Canon, premier grand cru classé de Saint-Émilion ; Goldert, grand cru du domaine Zind-Humbrecht ; un volnay premier cru, Les Caillerets, de Bouchard Père et Fils ; et un bandol rouge du Château de Pibarnon. Dans le bordeaux, ils

---

1. Édition du 14 janvier 2014.
2. La *Revue du vin de France*, n° 537, décembre 2009-janvier 2010.

ont détecté deux fongicides[1] chimiques et du cuivre. En mars de la même année, ils se sont demandé si « les pesticides étaient solubles dans le temps[2] ». Conclusion ? Un certain nombre de molécules chimiques se seraient dissoutes, à l'exception de l'iprodione[3]. Or les vins de la décennie quatre-vingt-dix contiennent non seulement cette molécule mais aussi des insecticides.

« Logique, selon Pascal Chatonnet, procymidone[4] et iprodione sont des molécules qui ont été largement utilisées et qui sont quasi indestructibles. On en retrouve dans le champagne trente ans après[5] ! »

Ce scientifique se livre à un travail de veille dans son laboratoire, et mène régulièrement des enquêtes sur un large panel d'environ trois cents échantillons. Dans sa dernière étude sur des vins du sud de la France (dont les bordeaux), 90 % des vins analysés contenaient des résidus de pesticides. Certains, jusqu'à neuf simultanément : des fongicides, le plus souvent.

Chatonnet tempère ces résultats. Ils se sont améliorés depuis sa précédente enquête. « Il y a six ans, on retrouvait jusqu'à douze molécules par bouteille et en moyenne neuf molécules ; dans les derniers résultats, la moyenne passe à cinq ou six molécules. C'est encore beaucoup mais c'est un progrès significatif. La question est la suivante : pourquoi retrouve-t-on cinq molécules alors qu'en pratique on peut gérer une production de

---

1. Un produit dégradé du folpet (fongicide anti-mildiou et anti-oïdium) et des pyriméthanil (anti-botrytis, également présent dans le bourgogne).
2. La *Revue du vin de France*, n° 539, mars 2010.
3. Il s'agit d'un anti-botrytis.
4. Un anti-botrytis.
5. Entretien du 14 février 2013.

vignoble avec deux ou trois[1] ? » C'est d'ailleurs fort de cette conclusion que le scientifique a proposé à ses clients de s'astreindre à réduire le nombre de molécules utilisées pour traiter leurs vignes.

Il ne veut plus, notamment, voir de traces d'herbicide, d'insecticide ou d'acaricide qu'il considère inutiles et dangereux pour la flore du milieu.

Ce spécialiste s'interroge également sur la présence de molécules interdites dans les vins qu'il a analysés. « En 2009, on a trouvé 0,3 mg de carbendazime dans des bouteilles. Comment peut-on expliquer une pareille concentration de pesticides alors que cette substance est interdite d'usage[2] ? Sans compter que, lorsqu'elle est utilisée sur le raisin, elle se retrouve à coup sûr dans le vin : son taux de transfert raisin-vin est de 100 %[3]. »

Des résultats que confirme la dernière analyse menée sur ce sujet par l'association de consommateurs UFC-Que choisir. Que choisir a passé au crible quatre-vingt-douze bouteilles provenant de Bordeaux, Bourgogne, Champagne, Côtes-du-Rhône, Languedoc-Roussillon… Elle a détecté de la carbendazime dans dix-neuf échantillons ! 100 % des vins sont contaminés, non bio et bio (à l'état de traces seulement, mais ils sont tout de même contaminés par leurs voisins pollués…). L'asso-

---

1. Entretien du 28 mars 2013.

2. Comme l'explique Pascal Chatonnet dans ses travaux : « La carbendazime est une matière active qui ne possède pas d'autorisation de mise sur le marché en France. Cependant, la LMR européenne de la carbendazime sur raisin de cuve est de 0,5 mg/kg. Réglementairement, il est autorisé d'avoir de la carbendazime dans un vin alors que la substance est interdite d'usage », présentation, 14 février 2013.

3. Entretien du 14 février 2013.

ciation épingle deux bordeaux : Mouton Cadet 2010[1] qui bat tous les records avec quatorze pesticides. Ainsi qu'un graves blanc, Château Roquetaillade Le Bernet 2011[2], qui contient environ cinq fois plus de quantité de résidus que ses comparses bordelais déjà beaucoup plus plombés que les autres vins français[3]...

Si toutes les régions sont épinglées, le Bordelais est effectivement celle qui apparaît comme la plus polluée, suivie par la Champagne, puis, dans une moindre mesure, la Bourgogne.

Des résultats concordants avec les données 2013 du

---

1. Sollicitées, les équipes de Mouton Cadet nous ont répondu par un mail d'Adrien Laurent du 13 décembre 2013. Ce dernier souligne que « l'UFC-Que choisir fait une interprétation très discutable des résultats obtenus dans son étude », parlant de « conclusions alarmistes ». « Présenter les résultats en "somme de résidus" » n'aurait, selon lui, « pas de sens étant donné que chaque produit possède des caractéristiques différentes ». Il ne serait pas non plus « rationnel de comparer la "somme des résidus" à la norme de potabilité de l'eau (présentée comme la boisson de base) car l'eau n'est tout simplement pas en contact avec les produits de traitement ». Par ailleurs, « la présence à l'état de traces de 14 molécules dans Mouton Cadet est liée à la diversité de [leurs] approvisionnements. En effet Mouton Cadet est issu de la sélection rigoureuse des meilleures parcelles des différents terroirs bordelais ». Et enfin, rassurant : « Les quantités de résidus détectées dans Mouton Cadet ne présentent aucun risque pour le consommateur (...) Pour rappel, pour atteindre ce qu'on appelle la dose journalière admissible (DJA), un homme normalement constitué devrait boire plusieurs dizaines de litres de vin par jour et ce tout au long de sa vie. » Se félicitant enfin que « Mouton Cadet, depuis sa création en 1930, [soit] devenu le premier bordeaux vendu dans le monde. Sa présence dans 150 pays est la meilleure preuve de sa qualité et du respect des réglementations les plus diverses et les plus drastiques ».

2. Le propriétaire n'a pas souhaité répondre.

3. L'UFC-Que choisir insiste sur le fait que ce sont « cinq bordeaux qui remportent la palme » des quantités de résidus présents dans les vins. N° 518, octobre 2013.

service de statistiques du ministère de l'Agriculture (l'Agreste). La région viticole qui traite le plus est le Bordelais avec un indice de fréquence de traitement de 38,5. On trouve ensuite les Pyrénées-Orientales (32), Paca (29,4), la Champagne (28,4), le Beaujolais (28,1)… Loin derrière, la Bourgogne (24,7).

Chargés, ces grands vins le sont tous, à partir du moment où ils ne se plient pas à une autorégulation sur l'usage des pesticides. La question que l'on peut également se poser est la suivante : ces vins plombés sont-ils seulement bons au goût ?

Là, comme souvent, on retombe dans l'un des cercles vicieux chers à l'agriculture conventionnelle. L'un des meilleurs œnologues de Champagne, Hervé Jestin, spécialisé dans une viticulture bio, explique la stratégie un rien absurde à laquelle sont contraints les vins truffés de produits phytosanitaires. « Dès lors que l'on a des résidus, on a des fermentations moins qualitatives, des vins moins purs. La majorité des produits phytosanitaires utilisés sont des substances antifongiques. La levure, qui est un champignon, n'apprécie pas ce genre de produits[1]… » Que faire alors ? Ajouter des levures industrielles !

C'est la magie de l'œnologie moderne, capable de fournir aux vignerons des solutions clés en mains afin de remplacer ce que les pesticides auront éradiqué.

De ces ajouts, comme de ces résidus, aucune trace sur les étiquettes de nos grands crus. Ces divins nectars ne sont pas soumis aux lois qui régissent le commun.

Le royaume tout-puissant a su faire abdiquer l'État et ses gendarmes.

---

1. Entretien du 12 juillet 2012 avec Hervé Jestin.

9.

... Préservé
par de curieuses méthodes !

Elle est petite, charmante et vous accueille avec un large sourire. C'est avec fierté qu'elle vous fait visiter son laboratoire. Cette femme, c'est Magali Grinbaum, responsable des analyses pesticides à l'Institut français de la vigne et du vin. Autrement dit, une vigie plantée au cœur du système. C'est elle, madame « résidus ». Elle qui porte la bonne parole de la profession sur cet épineux problème. Elle qui monte au front quand des articles sortent sur le sujet et... elle encore qui aide les viticulteurs à faire disparaître toute trace de ces produits dans les vins. Ce jour-là, elle est censée donner une conférence devant une assemblée des vignerons indépendants. L'intitulé de son intervention ? *Présence de résidus de produits phytosanitaires dans les vins ? Les moyens œnologiques de les réduire.*

Mme Grinbaum est donc officiellement une sorte de magicienne qui fait disparaître les problèmes comme des lapins de son chapeau.

Malgré l'intérêt de sa conférence, personne ne s'est présenté. Son exposé est pourtant édifiant. Elle a listé les pesticides qui avaient le plus de risque de se retrouver dans les vins. Puis a multiplié les expériences pour les faire disparaître par la grâce des produits œnologiques. Conclusion ? Les charbons, ça marche pas mal, mais la couleur du vin s'en va avec... Autant dire que les méthodes ne sont pas encore tout à fait au point.

Mais ce qui est assez amusant, c'est de constater que l'énergie déployée par la profession ainsi que par l'État, les régions et les départements – même s'ils s'en défendent – en arrive à financer des recherches en partie consacrées à la mise au point de techniques de camouflage.

Au lieu de réformer les méthodes agricoles, dissimulons donc les résidus tant que faire se peut, voilà la stratégie des viticulteurs et de l'État.

Ce jeu de cache-cache commence bien avant la vinification. Car les vignerons ont compris qu'en ces temps écologiquement corrects, cela faisait mauvais genre de s'afficher ostensiblement comme un utilisateur décomplexé de produits phytosanitaires. Bien entendu, certains le font encore. On s'étonne par exemple de voir, en plein cœur du printemps, sous le panneau de la prestigieuse appellation Pomerol, un sol rougi par les herbicides. Comme le vigneron a tout de même l'intuition qu'il faut basculer vers quelque chose de plus écologique, il utilise de petites capsules d'hormones sexuelles afin de piéger certains prédateurs de la vigne et d'éviter ainsi d'utiliser des insecticides. Le sol est napalmé en bas et, sur les branches, quelques « green » alibis suspendus pour donner aux riverains l'impression d'être un peu plus verts.

Un comportement qui agace vivement Dominique Techer, vigneron bio sur cette appellation renommée. « Comment à Pomerol, terroir de grands vins vendus entre 30 et 300 euros, peut-on encore se permettre ce genre de comportement ? Ils n'ont qu'à renouveler leurs 4 × 4 moins souvent et travailler un peu mieux leurs sols ! C'est inadmissible que ce soit aux contribuables de régler la facture de dépollution d'eau pour des gens qui vivent grand train[1] ! »

D'ailleurs, ceux qui s'assument ouvertement pollueurs ne sont plus légion. Dans les vignobles de renom, il est désormais de bon ton de camoufler ses sols désherbés chimiquement. La dernière technique à la mode ? Labourer ses sols traités pour cacher les méfaits des herbicides. « Il y a encore mieux, constate Dominique Techer, il y a ceux qui ne travaillent correctement leurs sols qu'aux abords immédiats du château et pour le reste de leurs parcelles, c'est *banzaï*. On sort l'artillerie lourde[2], persifle le vigneron. Ça leur permet de prendre de jolies photos et de faire une brochure réussie dans laquelle ils vantent leur attachement à l'écologie[3]. »

Il ne faut pas croire que ces méthodes soient réservées à Pomerol. Dans les tout premiers crus classés de Saint-Émilion, c'est la même histoire. Le winemaker Stéphane Derenoncourt rit de notre étonnement ; et assène, narquois : « Mais de toute façon, l'herbicide n'est pas interdit. Vous devriez savoir maintenant que

---

1. Entretien du mercredi 15 mai 2013.
2. *Ibid.*
3. *Ibid.*

pour le classement, il est préférable d'avoir un beau parking que de cesser le désherbant[1] ! »

Communiquez, communiquez, il en restera toujours quelque chose. Faire de vrais efforts, c'est une autre histoire… Dominique Techer se souvient avec amusement d'une grande journée portes ouvertes organisée par un prestigieux château de la région. Le domaine voulait montrer ses ruches, gage, s'il en est, de la volonté des propriétaires de préserver l'environnement. La fable proposée aux journalistes invités était fort touchante : ces abeilles étaient préservées car elles pouvaient butiner à leur guise toutes les herbes folles laissées par ces vignerons au grand cœur. Sauf que… « au pied des vignes, c'était désherbé chimiquement ! Les ruches étaient dans la partie boisée du château[2] ! », conclut, hilare, le vigneron paysan…

Reconnaissons à certains Bordelais un don de la mise en scène digne des plus grands cinéastes. Mais ce talent dispense-t-il d'être sincère avec les consommateurs ?

---

1. Entretien du 14 mai 2013.
2. Entretien du 15 mai 2013.

10.

Encensés par une cour fervente

Au milieu du royaume VinoBusiness, avec son INAO frelaté, ses propriétaires pressés de rentabiliser leur investissement et ses conseillers de tout poil, il y a aussi... les critiques.

« On a besoin d'eux et ils ont besoin de nous[1] », résume, lapidaire, Jean-Luc Thunevin. Les critiques apportent la renommée et font le bruit nécessaire pour faire connaître les vins et donner envie à leurs lecteurs d'acheter celui-ci plutôt que celui-là. Ils sont donc incontournables dans ce jeu de poker menteur. Mais leur pouvoir est moins important qu'ils ne le pensent.

Car dans ce petit sérail, il y a Parker et... les autres. Loin derrière. « Je ne sais même pas pourquoi ils viennent goûter, parce que le seul qui compte vraiment, c'est Parker. Alors, les jérémiades de ces outsiders, leurs plaintes quant à la difficulté de tester tant de vins... Qu'ils ne le fassent pas ! Leur avis, on s'en fout[2] ! » Cette sentence un peu lapidaire de

---

1. Entretien du 10 avril 2013.
2. Entretien du 28 mars 2013.

Pascal Chatonnet, vigneron et œnologue, tout Bordeaux la partage. Le village gaulois sait bien qu'il n'y a qu'un seul druide qui connaisse la recette de la potion magique, celle qui fait vendre les vins au prix de l'or.

Les autres critiques eux-mêmes n'ont pas de doute sur cette hiérarchie implicite, aussi glissent-ils leurs pas dans ceux du maître. Parker vient goûter très tôt, mi-mars en général pour les vins vendangés en octobre, ce qui a d'ailleurs le don d'agacer les vignerons. « S'il pouvait venir déguster en août, avant même la récolte, il le ferait ! » rouspète ce viticulteur mécontent. Du coup, les autres viennent aussi à ce moment-là, ou plutôt juste après, comme pour respecter la préséance due au gourou. Un seul s'est permis cette année de venir concurrencer Parker lors de ses dégustations en choisissant exactement les mêmes dates. Il s'agit de Jean-Marc Quarin, le critique local de l'étape, rédacteur du site Internet Quarin.com. Pourquoi venir goûter en même temps que Dieu ? « Pour voir si je suis reçu au même titre que lui[1]. »

Et surtout dans les mêmes conditions. Car entre eux, tous les coups sont permis. Les jalousies sont d'une férocité redoutable. Le patron du laboratoire d'analyses Excell se remémore une scène d'anthologie à Cos d'Estournel, un grand cru qui appartient à Michel Reybier, l'ex-roi du saucisson (Cochonou, Justin Bridou). Depuis que le château s'est récemment doté d'une grande salle de dégustation, les critiques, qui se considèrent comme de premier plan, ont très mal pris que ceux qu'ils regardent de haut dégustent

---

1. Entretien du 25 janvier 2013.

en même temps qu'eux. Ils ont donc exigé du propriétaire que ces « gueux » soient sortis de la salle quand eux officiaient[1].

Les vignerons veillent à ne pas froisser la susceptibilité de certains critiques, même s'ils en rient sous cape... « Il faut faire gaffe, parce que ces gens-là peuvent avoir un micro-pouvoir sur des marchés de niche », résume, lucide, Jean-Luc Thunevin. « Jean-Marc Quarin, par exemple, il a une influence sur le marché suisse. Mine de rien, c'est un marché important, la Suisse, avec des gens fortunés[2]. » Ne pas se moquer donc, même quand leur comportement surprend. Pierre Lurton, le gérant de Cheval Blanc, se remémore avec malice le même critique, Jean-Marc Quarin, le suppliant l'an passé de bien vouloir assister à l'assemblage du premier cru mythique. « Il a voulu s'y essayer et a concocté en deux secondes un petit mélange, et nous a dit : "Je crois que c'est très bon." Honnêtement, c'était moyen. Il revient au moment des primeurs, nous demande si c'est bien son échantillon que l'on a retenu. Je lui dis non, nous en avons fait bien d'autres depuis. Il me répond, soudain vexé : "C'est bien dommage, je l'aurais mieux noté"[3]. » Une boutade sans doute...

Pour autant, ce ne sont pas les médias qui tiennent les manettes, mais bel et bien les propriétaires et les trois ou quatre grands winemakers qui font la pluie et le beau temps. On tape d'ailleurs sur les doigts des insolents. Une ou deux mauvaises critiques, un

---

1. Entretien du 28 mars 2013 avec Pascal Chatonnet.
2. Entretien du 11 avril 2013.
3. Entretien du 22 juin 2013.

comportement insuffisamment révérencieux, et c'est le bannissement. Et si les journalistes sont interdits de châteaux, s'ils n'ont plus le droit de goûter, que feront-ils ? Comment feront-ils leur travail ? « Parce que c'est pas avec leurs revenus de smicards qu'ils pourront se payer les bouteilles qu'on leur sert », sourit, soudain carnassier, l'un des grands noms du Bordelais. Et comment, en effet, re-goûter trois ou quatre fois telle ou telle bouteille vendue entre 300 et 1 000 euros sur le marché ? Comment avoir accès aux échantillons de ventes en primeur, les avant-premières du vin qui se tiennent en avril, alors que ces derniers ne sont pas encore commercialisés ?

« Les critiques savent bien quelle est la ligne rouge à ne pas franchir s'ils veulent être encore reçus par les châteaux. Aucun d'eux ne la franchira[1] », résume avec lucidité Franck Dubourdieu, ancien négociant bordelais et fin connaisseur du milieu. En clair, n'attendons pas d'eux qu'ils révolutionnent l'establishment en place, ou qu'ils prennent des risques inconsidérés pour souligner la baisse de qualité de tel ou tel cru classé. « Ce sont des morts de faim qui, grâce à nous, vivent comme des milliardaires, pourquoi voudriez-vous qu'ils mordent la main de ceux qui les nourrissent ? », ajoute, cruel et un rien méprisant, ce grand winemaker.

Jean-Luc Thunevin assume totalement le bannissement qu'il a infligé à « deux-trois journalistes auxquels il a interdit la dégustation de Valandraud[2] ». « Je ne veux même pas les citer, ça leur ferait trop

---

1. Entretien du 25 janvier 2013.
2. Entretien du 29 mars 2013.

de pub. Au début, ils essayaient de revenir chaque année et, à force de trouver porte close, ils se sont lassés. Je leur ai expliqué que ce n'était pas la peine qu'ils viennent. "Pourquoi voulez-vous goûter ? Vous vous faites du mal, vous n'aimez pas ce que je fais, ce que je suis. Alors, évitez-vous ce genre de désagrément[1] !" »

Ne pas pouvoir goûter Valandraud quand on se pique d'être un grand critique, c'est fâcheux. Ce serait pire encore s'il s'agissait de Pétrus, d'Ausone ou de Cheval Blanc. Alors, on range les banderilles et on soutient les icônes. Tant pis pour les outsiders qui, dans ce système, ont très peu de chances d'émerger. D'ailleurs, le comportement lors des dégustations en dit long sur les hiérarchies cachées. On se déplace chez Cheval Blanc, Ausone, chez Derenoncourt, Boüard... Mais on se fait livrer dans sa chambre les bouteilles de tous les autres, des petits, des sans-grade, que l'on goûtera... ou pas.

Briser le plafond de verre quand on est un producteur inconnu est d'une extrême complexité. Un vigneron narrait ainsi son désarroi de ne pas avoir été goûté par James Molesworth, le successeur de James Suckling au *Wine Spectator*, l'une des bibles du vin. Molesworth avait été jusqu'à envoyer un mail surréaliste au viticulteur : « Étant donné la piètre qualité du millésime 2012 en général, avait-il écrit, il n'était pas nécessaire [qu'il] se déplace dans sa propriété pour goûter son vin. » Le vigneron pestait contre la fainéantise du journaliste, alors qu'il ne s'agissait au fond que d'un snobisme. Le viticulteur était

1. *Ibid.*

trop petit, trop méconnu pour que le grand homme vienne jusqu'à lui.

James Molesworth ne s'est d'ailleurs pas déplacé non plus cette année pour Angélus ou pour Pavie, pourtant tous deux récemment promus à la première marche du podium viticole (premier grand cru A). Il s'agissait juste d'une petite avanie infligée à ceux que ce connaisseur considère manifestement comme les nouveaux riches du classement. Et comme Hubert de Boüard et Gérard Perse ont refusé de lui faire porter des bouteilles, les lecteurs du *Wine Spectator* n'auront pas eu les notes d'Angélus ni de Pavie. Jusqu'où viennent se loger les petites querelles d'ego !

Bien entendu, on peut vous taquiner un peu quand vous êtes en haut de la hiérarchie, mais on ne peut pas vous empêcher d'exister. Alors que, lorsque vous êtes en bas, survivre, exister médiatiquement est un terrible challenge. C'est tout l'enjeu d'avoir un grand winemaker pour conseil. Ce sont eux qui vont faire les entremetteurs entre vous et les grands critiques. Tout se joue en coulisse, dans les dîners ou les déjeuners où l'on sert des truffes arrosées de très grands vins. Le gourou présente le ou les grands journalistes à ses clients, qui les reçoivent avec tous les égards dus à leur rang. Tous font ce travail de lobbying. Le seul qui en parle ouvertement, comme souvent, c'est Jean-Luc Thunevin. « Ça fait partie de mon job, j'organise des dîners, je présente à mes clients les critiques qui comptent, dans une atmosphère détendue, décontractée[1]. » En clair, il fait passer le mes-

---

1. Entretien du 29 mars 2013.

sage aux journalistes : ces gens qu'il leur présente dépendent de lui. Ces gens, c'est comme si c'était lui. Il faut donc traiter ces propriétés avec intérêt et si possible mansuétude. Il faut coûte que coûte faire fonctionner le réseau. Et sur ces terres acquises à la franc-maçonnerie, on sait combien les liens informels sont importants...

Quant aux journalistes, il leur arrive d'être sensibles à toutes ces petites attentions. Parfois, leur enthousiasme leur fait commettre de menues bévues. On pense notamment à ce reporter de la *Revue du vin de France* qui, tout à son bonheur d'avoir été invité en business class au Liban dans l'une des propriétés du pays, a photographié son billet d'avion et l'a posté sur sa page Facebook. Un bon traitement qui a été récompensé d'une pleine page dans son journal[1] !

Alors ? Tous vendus, les critiques ? « Il y en a qui sont à vendre en tout cas ! sourit Jean-Luc Thunevin. Il y a un journaliste bien connu dans le milieu qui goûte bien le vin si tu lui donnes 5 000 euros. Je préfère les avoir dans ma poche[2]. »

Mais mis à part ces quelques moutons noirs, la profession serait exemplaire. Bien entendu, elle est tout de même plus encline à s'intéresser à ceux qui savent investir à bon escient.

« Les critiques ne viennent pas chez nous, parce que l'on n'est pas un fournisseur de pub. Tout ça c'est du donnant-donnant, s'agace Dominique Techer, notre dernier paysan du plateau de Pomerol. En gros, si tu

---

1. La *Revue du vin de France*, n° 575, octobre 2013.
2. Entretien du 29 mars 2013.

veux des papiers, il faut que tu renvoies l'ascenseur. Donc, soit tu as un gros budget com et on parle de toi, soit tu ne fais pas partie du grand cirque et on ne vient pas chez toi. Ou exceptionnellement, car il faut quand même que ça ait l'air objectif et représentatif de toutes les tendances. Alors, de temps en temps, on va condescendre à placer un vin moins connu pour faire croire aux lecteurs qu'on déguste tout. Il ne faut pas être dupe[1]. »

« Et plus tu es gros, plus on attend que tu dépenses en publicité, reconnaît Jean-Luc Thunevin. Quand j'étais conseiller au Château La Dominique, je leur disais qu'il fallait investir au moins 300 000 euros chaque année dans leur communication[2]. »

C'est le prix qu'il faut payer pour qu'on parle de vous, pour exister dans les classements et autres palmarès des revues spécialisées.

Il y a également tous les petits business que les carnets d'adresses bien fournis de ces critiques ou de ces revues leur permettent de mener.

La *Revue du vin de France* organise ainsi des salons. Et l'on invite les viticulteurs à s'y rendre. Ce genre d'événement où les vignerons apportent gratuitement leurs vins, paient leurs stands, leurs déplacements et les consommateurs leur entrée, améliore, bien sûr, l'ordinaire. « Refuser d'y aller et de payer son stand, c'est prendre le risque d'être moins bien vu la prochaine fois… », glisse un vigneron qui a préféré assurer ses arrières et prendre un très gros emplacement…

Mais la *Revue du vin de France* n'est pas la seule à se

---

1. Entretien du 20 mars 2013.
2. Entretien du 5 juin 2013.

livrer à ce genre d'exercice. Loin de là. Le prestigieux *Wine Spectator* organise également son New York Wine Experience, un petit programme de dégustation à 1 875 dollars par personne pour les amateurs. Pour les vignerons à Paris ou à New York, les conditions sont les mêmes : on paie tout... avec le sourire !

Les critiques Bettane et Desseauve proposent aussi chaque année leur Grand Tasting au Carrousel du Louvre. Leur dire non ? Impensable quand on sait le nombre de magazines auxquels ces grands hommes collaborent.

Quant à James Suckling, il est devenu un véritable homme d'affaires, désormais. Il organise ainsi régulièrement de très grands événements à Hong Kong. Le ticket d'entrée pour les vignerons est à 6 000 dollars ; 750 dollars pour les « consommateurs sélects » qui y participent.

Voilà une affaire qui, dans un monde en crise, tourne bien.

11.

Un très joli carnaval

Mi-avril, l'effervescence est à son comble dans le sérail. C'est LA semaine où le monde entier se rend à Bordeaux. Bienvenue dans la fashion week du vin où il n'est jamais question des sujets qui fâchent – classements, pesticides et autres zones d'ombre. Et comme dans l'univers de la mode, tout le monde sait que le maître connaît déjà l'essentiel. Il est d'ailleurs venu goûter un mois plus tôt. Les négociants et tous les importateurs d'envergure ont déjà eu leur avant-première. Autant dire que le gros du marché est fait, en attendant ce qui donnera le *la* final, c'est-à-dire les notes de Parker qui ne sont pas encore tombées et qui tomberont, invariablement, à la fin du mois.

Mais même si les primeurs sont une gigantesque mascarade, même si tout est déjà joué, ou si rien ne l'est encore, il est impensable, pour tout négociant qui se respecte ou tout journaliste spécialisé, de ne pas en être. C'est « the place to be » pour entretenir son réseau, assister aux grands dîners, aux fêtes démesurées et montrer au monde entier que l'on fait bien partie du cercle des happy few.

La planète vin se presse donc aux portes de Bordeaux pour y goûter les échantillons concoctés sur mesure pour les visiteurs. Les échantillons, ce sont les vins que l'on fait déguster en avril alors que les raisins ont été vendangés en octobre. Des vins jeunes, beaucoup trop jeunes pour être goûtés à leur juste valeur, mais dans lesquels une poignée de critiques ou d'experts seraient capables, paraît-il, de déceler les futures pépites. « C'est un travail de supposition. On me présente des bébés, et je dois deviner s'ils deviendront des champions olympiques de lancer de javelot, des pianistes, des profs, des politiques », disserte le critique James Suckling, soudain lyrique. Il faut en tout cas que le bébé soit beau et au mieux de sa forme pour séduire les futurs acheteurs.

Les winemakers courent d'ailleurs frénétiquement d'un vignoble à l'autre, d'une propriété à l'autre pour rendre la mariée la plus belle possible et présenter des échantillons plaisants à la presse, aux importateurs, au négoce.

Stéphane Derenoncourt les compare à de jolies poupées préparées spécialement pour l'événement. Des poupées que l'on aura fait vieillir prématurément, que l'on aura rendues appétissantes pour cette semaine cruciale. « C'est un bébé qui a eu besoin d'être formaté, éduqué, civilisé[1] », résume Jean-Philippe Fort, œnologue consultant du laboratoire Rolland, pour qui il faut assumer ce côté fashion week des primeurs. « À un défilé de mode, on s'arrange pour que les filles soient belles, qu'elles soient

---

1. Entretien du 20 mars 2013.

en forme, afin que la robe tombe divinement bien. Pour le vin, c'est la même chose[1]. »

Chacun a son truc pour faire de ces jeunes filles prépubères les plus belles filles du monde. Et comme, à Bordeaux, les vins sont des assemblages de différents lots (parcelles, barriques), le premier des « trucs », c'est de ne présenter que les lots qui se goûtent bien... Même si l'on sait pertinemment que pour l'assemblage final du vin, c'est-à-dire ce qu'achètera le consommateur, tous les lots, même ceux qui ont été rejetés pour les primeurs pour insuffisance gustative, seront dans la bouteille... Bref, on ne présente que le top du top, mais on vendra un assemblage de tout !

« Ce n'est pas une tromperie », tempère Jean-Philippe Fort, et ce dernier d'expliquer que s'il retire un ou deux lots qui seront présents dans l'assemblage final, c'est uniquement parce qu'ils se goûtent mal à ce moment précis, qu'ils ne sont pas assez doux, sexy. « Or les gens qui vont venir goûter, les journalistes, les professionnels, ne seront pas capables de comprendre ces subtilités[2]. »

En clair, il faut séduire les journalistes – encore eux ! – et ces derniers ne sont pas suffisamment compétents ou imaginatifs pour qu'on leur montre la réalité du vin à un moment précis. Il faut donc les bluffer avec un vin concocté à leur intention, qui, au final, ne sera pas celui que l'on vendra aux consommateurs. Étrange pratique du royaume enchanté.

Certains vont même jusqu'à présenter des échantillons composés expressément pour tel ou tel jour-

---

1. *Ibid.*
2. Entretien du 20 mars 2013.

naliste. Dans un article de *Decanter*[1], Yann Bouscasse, propriétaire du Château Cantinot, confie ainsi qu'il fait des échantillons à partir de barriques neuves pour les journalistes américains censés aimer les vins plus corsés, plus marqués sur un goût de chêne, selon la formule consacrée. Et des échantillons avec de vieux tonneaux pour les Européens...

« C'est connu et ça s'est toujours fait, sourit ce vigneron défroqué qui a dû céder ses vignobles lors d'une succession difficile. La plupart des viticulteurs font des échantillons sur mesure pour plaire à tel ou tel journaliste ! »

« C'est un marché de cocus consentants, ironise Dominique Techer, le vigneron révolté du plateau de Pomerol. C'est un mensonge collectif. Quand tu veux marier ta fille laide, t'as intérêt à l'arranger un peu. Alors tu la fais jolie. Une fois casée, tu découvres les faux seins. Le marché est intrinsèquement comme ça depuis le début. Le cocu, c'est le client final, c'est les gens qui lisent les notes et qui s'imaginent que ça reflète quelque chose[2]. »

Une vision que Jean-Luc Thunevin voudrait nuancer. Pour lui, le jeu des échantillons remarquables, des bombes atomiques lancées sur le marché des primeurs qui, ensuite, font des vins médiocres en bouteille, ça n'a qu'un temps. « Quelques crus le font, paraît-il, bien sûr, on le sait. Mais c'est un petit jeu auquel tu peux t'adonner une fois, deux fois, mais

---

1. Adam Lechmere, « Bordeaux winemakers give their take on Derenoncourt's "special" en primeur samples », *Decanter*, 20 mai 2013.
2. Entretien du 20 mars 2013.

pas trois. Tu joues ta crédibilité. Un vin très bon en primeur dont le client final dit systématiquement qu'il est médiocre, ça ne peut pas durer[1]. » D'ailleurs, les grands crus qui se respectent ont souvent de meilleures notes en bouteille que ce qu'ils ont obtenu en primeurs. Le problème, c'est que le marché se fait à ce moment-là. Et que le vigneron joue son année avec ces notes. Que le vin soit récompensé après, c'est bien mais c'est souvent trop tard.

De toute façon, il faut garder le chroniqueur dans son escarcelle. D'ailleurs, afin d'être sûr qu'il ne s'égare pas, on le guide jusqu'aux événements organisés par les plus grands domaines.

En clair, on fait aux journalistes des échantillons qu'ils seront capables de comprendre et on les emmène dans des endroits ciblés qu'ils sauront identifier.

Cercle Rive droite, Union des grands crus et, bien entendu, les primeurs Rolland, Derenoncourt et désormais l'incontournable Boüard. Chaque écurie bombe le torse pour montrer ses poulains. Deux cent cinquante chez Rolland, près de cent chez Derenoncourt et une cinquantaine chez Boüard… Dans certaines écuries, les poulains n'ont carrément plus droit de cité. Chez Rolland, on ne fait pas semblant : c'est la marque Rolland qui compte, pas les vignerons. On n'en verra donc pas un seul… Le viticulteur a entièrement disparu derrière la griffe de son consultant.

« C'est un jeu un peu incompréhensible d'offre, de demande, de relations, de notes, de copinage et ça

---

1. *Ibid.*

s'appelle la place de Bordeaux, le marché des primeurs, s'amuse Jean-Luc Thunevin. Ça marche bien, depuis longtemps, c'est envié par le monde entier. C'est énorme en termes d'image, d'argent, de notoriété[1]. » Et comme il s'agit de l'élite, de la haute couture du vin, des stars, chacun sait combien cette présentation est vitale. Jean-Luc Thunevin joue 3 millions d'euros de chiffre d'affaires chaque année à cette période. Autant dire qu'à ce prix-là, il a plutôt intérêt à ne pas rater ses échantillons...

Pourquoi vouloir à ce point réussir cette présentation, bluffer les participants, si ce n'est pour vendre son vin le mieux possible ? Car derrière ces questions de bon goût se jouent surtout des affaires triviales. Le marché primeur est un marché colossal. Il ne concerne que 5 à 6 % des vins de bordeaux mais c'est lui qui représente les plus gros volumes financiers. Son meilleur ou plutôt son unique trader ? Parker. Encore lui. Ce sont ses notes qui font les cours. Et ces dernières années, Liv Ex, la bourse du vin, s'est littéralement emballée. Car ce qui n'était à ses débuts qu'un marché un peu virtuel, grâce auquel les vignerons engrangeaient de la trésorerie en vendant des vins qui ne seraient livrés aux clients qu'après élevage deux ans plus tard, est devenu un système entièrement spéculatif. Autrefois, le client qui avait pris le risque d'acheter plus tôt et qui avait la patience d'attendre était récompensé en payant un peu moins cher. Mais l'idée, au final, c'était tout de même de les boire, pas d'essayer de s'enrichir en misant sur une augmentation totalement folle des prix.

---

1. Entretien du 10 avril 2013.

Aujourd'hui, on boursicote avec les grands crus comme on le ferait avec des actions risquées. D'ailleurs, certains propriétaires considèrent qu'ils ne tirent pas suffisamment leurs marrons du feu et sont sortis du marché primeur pour engranger seuls les plus-values mirobolantes plutôt que de devoir les partager avec le négoce et les autres. C'est le cas notamment du mythique Château Latour, premier grand cru classé 1855 et propriété de François Pinault. Il faut dire que la manne est inouïe tant certains millésimes ont littéralement crevé le plafond. La bulle commence d'ailleurs à se dégonfler, les prix atteints n'ayant plus aucun sens. Bordeaux a eu les yeux plus gros que le ventre en s'apercevant que la Chine buvait rouge et qu'il y avait moyen d'en tirer parti. Les enchères se sont d'ailleurs progressivement déplacées vers l'Asie. Parker ne s'y est pas trompé qui a vendu sa revue à des investisseurs singapouriens. Quant à Suckling, il passe la moitié de l'année à Hong Kong pour y faire du business.

Les Chinois ont donc pris la main sur ce marché des primeurs dans lequel ils n'interviennent pourtant pas directement, préférant passer par des intermédiaires situés sur les places de Londres, de Zurich ou de Hong Kong. Les prix ont flambé. Touchées par la folie des grandeurs, certaines grandes bouteilles s'arrachent à 7 000-8 000 euros. Mais le vent tourne. Et des bouteilles de Lafite-Rothschild qui avaient atteint jusqu'à dix fois leur prix d'origine pour le millésime 82, celui de la « naissance » de Parker, perdent aujourd'hui 30 % de leur valeur... « Les Chinois se rendent bien compte qu'ils ont acheté beaucoup plus cher que les autres. Ils ont la fâcheuse impression de s'être fait avoir[1] », épingle Gérard Margeon, le sommelier de Ducasse.

La coupe est pleine en vérité. Désormais, les stocks qui s'accumulent dans ces contrées lointaines pèsent comme une épée de Damoclès sur les grands crus de Bordeaux. « J'ai visité les anciens tunnels militaires de Hong Kong, narre Gérard Margeon, ils sont remplis de vin jusqu'à ras bord. Or le but, c'est bien de le faire sortir un jour. Il y a beaucoup de vin là-bas, et le marché se développe moins vite que prévu[2]. »

De quoi, effectivement, susciter des inquiétudes chez les vignerons bordelais. Les Asiatiques sont connus pour être de redoutables commerçants. Il est donc peu probable qu'ils continuent à investir massivement si les résultats ne sont pas à la hauteur.

« Les Chinois ont cette capacité de se lancer très rapidement et massivement sur un marché, dès qu'ils pensent qu'il y a moyen d'en tirer profit, résume, lucide, ce négociant bordelais. Le problème, c'est qu'ils sont capables de l'abandonner tout aussi rapidement. Il suffit que la cacahuète se mette à rapporter plus d'argent que le vin et ils vont se débarrasser du vin. »

Qui sait ? Quand le prix de la cacahuète grimpera, peut-être pourrons-nous de nouveau acheter nos plus grands crus ?

---

1. Entretien du 20 septembre 2013.
2. *Ibid.*

12.

Sous le signe du lotus

Il se tient une semaine par an tous les deux ans. Vinexpo, le salon international du vin, ouvre ses portes. C'est un autre événement du circuit. Pas moyen, à ce moment-là, de trouver une chambre d'hôtel à moins de 300 euros. Plus de menus au restaurant, c'est la carte ou rien. Et la carte a pris 30 %. Les Bordelais attendent, caisse enregistreuse à la main, les trois mille trois cent quatre-vingt-huit visiteurs chinois qui les font désormais vivre. Car si la France exporte environ 1,5 million d'hectolitres chaque année vers l'empire du Milieu, c'est Bordeaux qui rafle la plus jolie part du gâteau avec 65 % de la valeur de ces exportations. En quelques années, ce continent est devenu un véritable eldorado, poussant d'ailleurs les Bordelais enivrés à délaisser leurs clients traditionnels. Exit les Français, trop pauvres, fini les Américains, en crise. Bonjour les Chinois !

Un engouement que beaucoup ne partagent pas. Stephan von Neipperg, aristocrate distingué et patron charismatique de grands crus classés à Saint-Émilion, n'en démord pas. Se jeter dans les bras de ces nouveaux venus est une erreur. Avec son regard perçant, sa moustache à la Errol Flynn, il peste contre cette politique à court terme qui a poussé beaucoup de ses concurrents à faire les yeux de Chimène à ces acquéreurs, au risque de gonfler artificiellement les prix. « Les Chinois, c'est comme les grandes surfaces, ils vous prennent, ils deviennent votre unique client, puis ils vous étranglent et vous jettent[1]. »

Et maintenant que les tuyaux sont pleins, que les cuves sont remplies à ras bord de vin rouge, ces commerçants avisés semblent être devenus beaucoup plus tatillons sur leurs achats. Quand ils ne bradent pas littéralement ce qu'ils viennent d'acquérir.

Ce marché est en outre complexe. Tous les propriétaires de nos grands crus classés sont plus ou moins en procès avec des businessmen locaux peu scrupuleux qui ont déposé chez eux… les noms des marques françaises. Le but est, bien entendu, de revenir vers le propriétaire et de le faire chanter. En clair, si vous voulez récupérer votre marque, il faudra passer par mon intermédiaire. Ausone et bien d'autres encore ont dû ferrailler dur, se lancer dans des batailles juridiques homériques pour récupérer leur nom. Alain Vauthier, le patron d'Ausone, a dû dépenser 100 000 euros pour préserver sa marque.

« C'est une véritable jungle, reconnaît Stéphane Derenoncourt. On a l'impression que leur seul but est de faire du pognon le plus vite possible à n'importe quel prix[2]. »

Pas facile de préserver sa marque, donc. Et dur-dur de lutter contre la contrefaçon. Stephan von

1. Entretien avec Stephan von Neipperg, 30 mai 2013.
2. Entretien du 14 mai 2013.

Neipperg expose fièrement son système proof tag. Un code bulle, doublé d'un code-barres, avec renvoi sur le site Internet et demande de l'âge du capitaine pour tenter de rendre ses bouteilles inviolables. Il faut dire que l'enjeu est de taille. Un salon à Pékin affichait récemment au-dessus de ses stands : « Ici, pas de vins contrefaits ! »

Gérard Margeon, le sommelier de Ducasse, aime montrer les photos qu'il a prises l'an passé lors du grand salon de Shanghai. On y voit d'immenses affiches annonçant l'événement à grands coups de reproductions gigantesques des étiquettes de nos crus les plus prestigieux. Or toutes sont fausses ! Des Chatréal Latour, en passant par des Lafite Cellar. C'est le règne du toc.

« Une bouteille vide de Lafite-Rothschild en Chine se vend entre 80 et 100 euros, explique Neipperg, ce n'est sûrement pas pour la valeur du verre que les gens sont prêts à mettre aussi cher dans une bouteille vide[1]. » D'ailleurs, maintenant, les vignerons cassent leurs bouteilles après chaque dégustation. Lafite, qui fut le Graal de la clientèle chinoise des années durant, a vu son image écornée par les nombreuses contrefaçons dont le cru a fait l'objet. « Plus personne n'ose en offrir là-bas, confiait un winemaker, les gens ont trop peur de passer pour des ploucs qui auraient acheté du toc. » Or en Chine, on ne boit pas les bouteilles précieuses, on les offre pour honorer son hôte. Pas question donc de risquer un faux pas.

Mais si le Bordelais est touché, la Bourgogne l'est également, comme le démontre le récent procès amé-

---

1. Entretien du 30 mai 2013.

ricain de Zheng Wang Huang, mieux connu sous le nom de Rudy Kurniawan. Un businessman richissime qui se prétendait chinois ou indonésien selon ses interlocuteurs. L'homme a berné des années durant les plus grands connaisseurs du monde entier. Il aurait vendu pour des dizaines de millions d'euros de faux ! Sa méthode était simple mais quasi infaillible : il organisait de fastueuses dégustations de vraies bouteilles auxquelles il conviait le gratin des acheteurs, puis leur vendait les fausses. Le FBI a découvert chez lui, à Los Angeles, un véritable atelier de contrefaçons d'étiquettes et de crus. C'est un vigneron bourguignon, Laurent Ponsot, qui a levé le lièvre. S'étonnant de voir des bouteilles de son Clos Saint-Denis des années quarante et cinquante mises aux enchères à New York alors qu'il n'a commencé à en produire qu'en 1982, il a mené l'enquête et remonté la filière. C'est à son travail de détective que l'on doit l'arrestation de l'un des plus grands faussaires du siècle.

Difficile, le marché est en outre extrêmement fluctuant : les grands acheteurs d'hier peuvent s'évanouir dans la nature du jour au lendemain. « Souvent, vous arrivez chez des importateurs, il n'y a pas d'équipe pour commercialiser les crus. Les gars vendent du vin mais aussi des appartements, s'émeut un négociant de Bordeaux. Puis, du jour au lendemain, ils vont laisser tomber le vin. »

Patrick Bouey, fringant négociant bordelais qui, la cinquantaine passée, enquille les longues virées en vélo pour garder un bon mental, en a d'ailleurs fait récemment l'amère expérience. Il décrit le pays comme des sables mouvants, où les fortunes se font et se défont au gré des disgrâces politiques. L'homme semble un peu perdu dans ce monde asiatique qu'il ne peut pourtant ignorer. Il convient qu'il est impossible aujourd'hui de faire sans : la Chine est devenue le plus gros marché de bordeaux. En quelques années, le négoce de Patrick Bouey a suivi le même chemin, se mettant, lui aussi, entièrement entre des mains lointaines. En trois ans, son chiffre d'affaires vers la Chine est passé de 300 000 euros à plus de 7,7 millions aujourd'hui. Pourtant, ce pays est une jungle. L'an passé, certains, parmi les plus importants clients de Bouey, ont fini en prison. « C'est arrivé mais ce n'est pas la règle », tempère Wei Xu, un jeune et talentueux businessman de Shanghai qui gère d'une main de maître le marketing de Yes My Wine, l'une des principales start-up spécialisées dans la commercialisation du vin en ligne. Vêtu d'un inoubliable costume rose, sourire commercial et intelligence redoutable, Wei reconnaît que les deux tiers des gens qui vendaient du vin en Chine ces dernières années ont disparu. « C'est tant mieux pour nous, le marché se professionnalise ! Par contre, c'est tant pis pour les négociants français et surtout bordelais qui ont misé sur ces gens qui, aujourd'hui, sont insolvables[1]... »

L'aventure chinoise est donc risquée. Mais peu importe, il faut tout de même y aller ! Recommencer, percer, s'installer, perdurer sur ce fabuleux marché. C'est d'ailleurs pour cela que Patrick Bouey y a traîné Stéphane Derenoncourt. Les deux hommes ont lancé ensemble une ligne de vins de terroir à petits prix, les

---

1. Entretien du 20 mai 2013.

Parcelles. Difficile de faire l'impasse sur cet immense marché potentiel pour écouler des centaines de milliers de bouteilles. Bouey fait faire le tour des start-up à Stéphane Derenoncourt. Il espère que Yes My Wine sera plus sérieuse que ses précédents clients, mais au fond, il n'en a aucune certitude. Derenoncourt est baladé de ville en ville, de dégustation en dégustation, de déjeuner en dîner, acceptant d'être pris en photo, de signer les bouteilles, comme le ferait une rock star. Les Chinois sont un brin fétichistes et surtout très malins : les bouteilles signées se monnaient un bon prix.

« On te photographie, on te filme, on te regarde avec admiration, mais tu es là pour travailler comme un simple VRP[1] », assène Jean-Luc Thunevin qui ne connaît que trop bien ce manège auquel il s'est, lui aussi, adonné.

Le gars du Nord se prête sans plaisir à ce petit jeu de la poupée qui vend son vin. C'est sans doute une torture pour ce taiseux austère, mais il s'y plie. Tous s'y plient. Ils n'ont pas vraiment le choix. Wei est catégorique. Il faut toujours un petit plus pour vendre ses marchandises en Chine. Et ce petit plus, c'est le winemaker himself.

« On a organisé un concours réservé à nos meilleurs clients. Trente mille VIP ont tenté de cliquer le plus vite possible sur le web pour remporter une dégustation avec Stéphane Derenoncourt ! Une petite vingtaine de personnes ont été ainsi sélectionnées. Dix à Shanghai. Dix à Pékin. Et le Français a couru

---

1. Gilles Berdin, *Autour d'une bouteille, avec Murielle Andraud et Jean-Luc Thunevin*, Elytis, 2013, p. 121.

de ville en ville pour s'offrir au marché chinois... C'était parfait ! se réjouit Wei. En Chine on adore la compétition, et l'idée de remporter une dégustation avec Derenoncourt, c'est un gros challenge, ça fait un buzz incroyable ! » « Ceux qui n'y étaient pas étaient jaloux, et se battront davantage pour être sélectionnés la prochaine fois. Ça les incitera à acheter plus et à être encore plus réactifs sur les événements qu'on lance. Et comme ceux que l'on a invités sont tous des nouveaux riches assez contents d'eux, à peine la dégustation terminée, ils se sont précipités sur Weibo (le twitter chinois) pour décrire avec moult détails ce fabuleux moment, en présence du merveilleux Stéphane. Tout ça, c'est de la publicité gratuite pour nous[1] ! », sourit Wei Xu, soudain carnassier.

Ce marché éminemment complexe pourrait donc se détourner du Bordelais aussi rapidement qu'il l'a encensé.

« C'est triste pour Bordeaux, mais c'est vrai qu'ils sont un peu démodés, soupire Wei, retrouvé quelques semaines plus tard à Beaune. Maintenant, c'est la Bourgogne que nous voulons, et tout spécialement la Romanée-Conti, parce que nous les Chinois, nous aimons ce qui est rare et cher, et le bordeaux, maintenant, ça ne l'est plus. On voulait du Lafite parce que l'on pensait que c'était ce qu'il y avait de plus précieux au monde, maintenant on sait que c'est la Romanée-Conti et que le Lafite, on peut en avoir quand on veut[2]... »

---

1. Entretien du 20 mai 2013.
2. *Ibid.*

Wei est à Beaune pour suivre une formation afin de devenir porte-parole officiel de la Bourgogne en Chine. Avec quelques autres participants, il écoute religieusement Jean-Pierre Renard, formateur à l'école des vins de Bourgogne, qui est censé leur apprendre en une courte semaine le b.a.-ba des climats et des terroirs bourguignons. Ce dernier s'amuse de l'engouement asiatique pour sa région. « Les Chinois veulent tous goûter la Romanée-Conti, et quand je leur dis que c'est impossible, ils me poursuivent littéralement, m'expliquant qu'ils sont prêts à mettre un million d'euros sur la table et que je peux en garder 500 000 pour moi[1]. » Toujours soigner son fameux « chichi », son relationnel, comme l'explique Wei... « C'est amusant d'ailleurs de voir comme l'administration chinoise peut être tatillonne sur les certificats de qualité qu'elle exige de nos vins et, tout d'un coup, d'une mansuétude extrême lorsqu'il s'agit de laisser passer les bouteilles de nos plus grands crus, ironise le professeur. Nos exportateurs vous le diront, tous les rouages de l'administration reçoivent leurs caisses de vin, ce n'est pas de la corruption, c'est du service rendu[2] ! »

Les Bourguignons sont malins et ont fait de leur faiblesse des atouts. « On fait de tout petits volumes, le problème de la Bourgogne, ce n'est pas comment écouler notre vin comme à Bordeaux, mais comment en avoir assez pour satisfaire nos clients[3] », constate Nelly Blau-Picard, chargée des exportations pour

---

1. *Ibid.*
2. *Ibid.*
3. Entretien du 20 mai 2013.

l'interprofession viticole. Et gérer la pénurie, c'est faire monter les prix tout en évitant soigneusement de rentrer sur un terrain trop spéculatif. « Certains y seraient sans doute allés avec beaucoup de plaisir. Tout vendre aux Chinois, faire monter les prix. Seulement voilà, la Bourgogne, c'est deux mille huit cents producteurs, deux cent cinquante maisons de négoce. Même si on avait voulu se damner pour la Chine, pour faire bouger tout le monde d'un coup, c'est autrement plus difficile qu'à Bordeaux. » Et puis, en Bourgogne, on est resté paysan et on ne met pas tous ses œufs dans le même panier. Question de bon sens. Quand les Chinois sont venus et leur ont demandé d'abandonner leur clientèle habituelle, la plupart des viticulteurs ont refusé.

Ils ont sans doute eu le nez creux. Mais ces velléités de résistance à la Astérix n'ont pas su empêcher les plus grandes étiquettes de cette belle région d'être, elles aussi, entraînées dans le grand tourbillon de la flambée des prix. Le palmarès du site néo-zélandais wine-searcher.com met ainsi de prestigieux bourgognes largement en tête de son classement des cinquante vins les plus chers au monde. Loin devant les premiers flacons bordelais...

Décidément, il semble bien difficile de ne pas succomber à la tentation du lotus.

13.

Vino-China

Ce qui se passe depuis deux décennies est donc une véritable révolution. Le vin a été projeté d'un coup du XIXe siècle au XXIe. Les transactions vont bon train. Et les prix atteignent des sommets. En vingt ans, les surfaces de vignes vendues ont doublé et les prix à l'hectare ont été multipliés par trois[1], quand ce n'est pas par dix ou quinze dans certaines appellations prestigieuses. Le vignoble hexagonal est devenu en l'espace de quelques années un gâteau que s'arrachent les investisseurs étrangers.

Il faut dire que l'appétit des propriétaires français a été aiguisé par l'afflux des capitaux asiatiques. Des acheteurs prêts à tout acquérir ou presque, à n'importe quel prix. L'engouement est tel que la maison d'enchères Christie's a récemment ouvert à Hong Kong Vineyards by Christie's International Real Estate un département entièrement dédié aux riches étrangers avides d'acheter les plus prestigieux vignobles au monde. Ils pourront désormais compter sur le carnet d'adresses et la discrétion des plus

---

1. Chiffres avancés par le réseau Vinéa.

grands experts. Les transactions ne sont donc pas près de se tarir.

Et même si les habitants des communes viticoles s'en émeuvent, il semble bien difficile de résister à ces sirènes venues de loin... et à l'appât du gain. Car les châteaux vendus aux Chinois, par exemple, le sont à des prix bien supérieurs à ceux du marché. L'an passé, toute la Bourgogne était en effervescence à l'annonce de la vente du château de Gevrey-Chambertin. La propriété classée, construite entre les XIe et XIIIe siècles, ainsi que les deux hectares de vignes ont été cédés à un propriétaire de salles de jeux à Macao pour... 8 millions d'euros. Bien entendu, le syndicat des vignerons s'était mobilisé. Il était même prêt à réunir quelque 4 puis 5 millions d'euros, alors que les évaluations de ce château n'ont jamais dépassé les 3,5 millions d'euros. Oui mais voilà, l'investisseur asiatique, lui, en a aligné 8. Balayant par là même les doutes et les cas de conscience des propriétaires.

Un bal lucratif que connaît bien le Bordelais. Depuis 1997, première acquisition du Château Haut-Brisson dans l'appellation saint-émilion par Peter Kwok, un banquier hongkongais qui a acheté depuis Tour Saint-Christophe (saint-émilion) et La Patache (pomerol) – un château pour chacun de ses trois enfants –, les ventes de domaines se multiplient.

Et si leur rythme était lent jusqu'en 2011 (une ou deux acquisitions annuelles), il s'est accéléré à une cadence infernale depuis cette année-là : quinze transactions. Vingt-sept en 2012. Comment résister à des acheteurs prêts à aligner 10 à 30 millions d'euros pour des propriétés qui ne sont pas les plus beaux joyaux de notre vignoble ? Le sérail a tout de même frissonné en voyant partir le grand cru Bellefont-Belcier dans l'escarcelle chinoise... Là encore, les prix se seraient envolés pour que le riche industriel, M. Wang, spécialisé dans les minerais de fer, puisse acquérir cette pépite de 20 hectares en appellation saint-émilion dont 13 plantés d'un seul tenant. 1 à 2 millions l'hectare... 40 millions environ. L'avisé mister Wang ayant tout de même suspendu son achat à l'obtention du classement que le château a, bien entendu, obtenu.

« Ce sont des gens compliqués, il n'y a pas de ligne, on ne sait pas bien où ils vont et ce qu'ils font. Les vins partent à 100 % en Chine et on ne les voit plus. Il y a une sorte de rapt[1] », déplore Hubert de Boüard. De fait, on estime aujourd'hui qu'avec les 1 000 hectares qu'ils ont acquis sur l'ensemble du vignoble, les Chinois expédient quelque 8 millions de bouteilles qui partent directement sur leur marché intérieur sans jamais passer par la case France.

Sans compter qu'une fois sur place, ces millions de bouteilles de vin français se métamorphosent parfois, par la magie de quelques ajouts argentins, en dizaines de millions de bouteilles... « Quand j'entends les Bordelais trouver formidable que "nos amis chinois" viennent acheter des propriétés chez nous, je me dis que, pour beaucoup d'entre eux, il y a une méconnaissance totale du marché[2], tacle Stéphane Derenoncourt. Certains de ceux qui achètent des domaines ici le font uniquement pour l'étiquette. Une fois qu'ils ont la marque, ils la déposent là-bas et font venir des

---

1. Entretien du 10 juin 2013.
2. Entretien du 14 mai 2013.

containers de vin sud-américain qu'ils vendent pour des crus bordelais. Tout cet argent asiatique, cette manne, nous a fait un peu tourner la tête. »

« On ne peut pas empêcher les Chinois de vouloir faire des affaires[1] », sourit le gentleman Peter Kwok. Ce dernier réclame un peu d'indulgence pour ces nouveaux acteurs. « Quand ils voient le prix des bouteilles ici, et le prix qu'ils les achètent là-bas, ils ne peuvent qu'être tentés de se mettre dans ce business[2]. » Mais ces achats font progressivement l'éducation du consommateur local. Quant aux investisseurs, ils auront de plus en plus envie de faire des grands vins et de les vendre également sur le marché français. Peter Kwok, premier acheteur chinois du Bordelais, a d'ailleurs décidé cette année de passer par le marché des primeurs[3]. Il entend bien que ses crus accèdent au firmament et cessent d'être considérés comme des vins chinois pour les Chinois. Il reconnaît tout de même qu'avant cette année, son saint-émilion était insuffisamment bon pour les amateurs français et que c'est pour cela, d'ailleurs, qu'il envoyait sa production intégralement en Chine… « Maintenant, c'est bien, et j'aspire à autre chose, et notamment, pourquoi pas, à un futur classement de mes crus en 2022[4] ? »

Peter Kwok est un homme d'affaires pragmatique. Il dresse, sans affect, le portrait des différents acheteurs asiatiques du Bordelais. « Il y a ceux qui veulent faire

1. Entretien du 24 août 2013.
2. *Ibid.*
3. Primeurs 2012.
4. Entretien du 6 octobre 2013.

la culbute en vendant à bon prix les bouteilles qu'ils auront fabriquées ici ; il y a ceux qui voient que pour le prix d'un appartement à Hong Kong, ils peuvent avoir un château en France... Et, bien entendu, il y a aussi quelques bad boys[1] », convient-il. Un doux euphémisme pour parler de tous ces investisseurs venus sur nos terres pour des raisons assez triviales.

Tracfin, la cellule de lutte contre le blanchiment des capitaux, vient d'ailleurs d'épingler dans son dernier rapport toutes les transactions étranges ayant eu cours dans le vignoble français. Et la cellule de dénoncer les rachats de propriétés présentant des déficits d'exploitation importants, permettant ainsi, grâce à « des montages financiers et juridiques complexes de sociétés en cascade installées dans des pays à fiscalité privilégiée[2] », de blanchir, ni vu ni connu, l'argent sale.

« Il était temps que Tracfin se bouge, tempête Dominique Techer. En 1998, à l'époque où j'étais maire de Pomerol, j'avais sollicité ce service à propos de transactions étranges. On m'avait alors répondu qu'il s'agissait d'opérateurs respectables... Au bout d'un moment, c'est quand même difficile de ne rien voir, sauf à remettre en cause la crédibilité et l'utilité de ces limiers[3]. »

Des financements complexes qui expliquent certainement la très grande discrétion des investisseurs chinois dans le vignoble. Aucun ne veut prendre la parole ni apparaître dans la presse. Un winemaker

---

1. Entretien du 24 août 2013.
2. Rapport annuel d'analyse et d'activité 2012 Tracfin, *Traitement du renseignement et action contre les circuits financiers clandestins.*
3. Mail du 3 août 2013.

s'est fait vertement remettre à sa place pour avoir osé proposer de le suivre lors de sa première rencontre avec un important businessman chinois. Le manager canadien en charge de la rencontre avec l'investisseur s'est fendu d'un mail comminatoire lui intimant de respecter une confidentialité totale tout à la fois sur le projet et sur la personne de l'acheteur. On apprendra par la suite que tous les collaborateurs de cet homme d'affaires sont dans l'obligation de signer une clause de confidentialité allant jusqu'à leur interdire de citer publiquement son nom...

En attendant, sur place, la tension monte et un racisme latent se fait jour. Sandrine Bosc, qui vient tout juste de quitter la direction générale des vignobles de Peter Kwok, se plaignait ainsi de certaines réflexions que des viticulteurs ont pu lui adresser quand elle travaillait encore pour un « Jaune ». Une tension palpable qui s'est traduite par l'agression de jeunes étudiants chinois en œnologie lors du dernier salon Vinexpo. Un comportement inacceptable qui met cependant en exergue un véritable malaise.

« Sans sombrer dans un poujadisme facile, il faut faire attention à ne pas métamorphoser notre vignoble en Chinatown et à ne pas briser les équilibres précaires de notre terroir pour un eldorado qui n'existe pas[1] », met en garde Stéphane Derenoncourt.

Pas sûr que ces arguments de bon sens résistent à l'appétit féroce des propriétaires en quête d'une vente juteuse. Car tant que cette bulle n'aura pas explosé, il est bien difficile de croire que les vignerons se priveront de ces acheteurs à l'énorme pouvoir d'achat.

---

1. Entretien du 14 mai 2013.

14.

Les grands fauves
se partagent les terres...

C'est l'histoire d'une riche héritière, fille de l'un des barons du gaullisme, qui pensait être accueillie en sauveur sur ses terres familiales de Gironde et qui s'aperçoit avec amertume que les prédateurs locaux l'envisagent comme une proie sans défense qu'ils s'apprêtent à avaler tout rond.

Aline Guichard-Goldschmidt, fille d'Olivier Guichard, décide de reprendre le manoir de Siaurac et ses vignobles à la mort de son père en janvier 2004.

Elle souhaitait offrir à son mari l'ancrage rural dont il a toujours rêvé et que ce déraciné n'a jamais eu. Elle voulait faire revivre cette somptueuse demeure héritée de sa grand-mère adorée, la baronne Guichard, et de son grand-père, Louis, ancien directeur de cabinet de l'amiral Darlan. Un personnage complexe mais aimant contre l'image duquel son père Olivier, baron, lui, du gaullisme, n'a eu de cesse de se construire.

Elle sait que ses deux sœurs aînées, Constance Poniatowski, directrice de la rédaction de *Version Femina*, et l'éditrice Malcy Ozannat, souhaitent vendre et que la succession sera difficile. Qu'importe, elle tient bon et, avec la ferveur des convertis, se lance à corps perdu dans le monde du vin. Elle est en outre persuadée qu'elle sera accueillie à bras ouverts par ses collègues et voisins.

« J'étais certaine que le petit monde de Bordeaux serait enchanté que notre domaine ne tombe pas dans l'escarcelle d'un groupe d'assurances ou d'un industriel et demeure une entreprise familiale[1]. » « Il est vrai que les rapaces font ripaille de par chez nous[2] », ironise Dominique Techer. Martin Bouygues règne sur Saint-Estèphe, Bernard Arnault n'a de cesse d'élargir son merveilleux royaume (Cheval Blanc, Yquem, Krug, Ruinart...), et les assurances comme AG2R La Mondiale grignotent ce que leur laissent les autres milliardaires.

« Je pensais qu'on me serait reconnaissant d'avoir lâché ma vie parisienne, le salaire plus que confortable de mon mari, pour reprendre ce domaine. Au lieu de cela, je suis menacée, vilipendée, méprisée. C'est un combat féodal d'un autre temps que me livrent ces gens-là[3] », s'indigne Aline. Les grands fauves locaux, francophones ou étrangers se respectent entre eux. Alléchés par l'odeur appétissante de la chair fraîche, ils sont bien loin de l'ouverture d'esprit qu'on leur prête souvent.

Mais de cela, Aline n'a pas tout de suite conscience.

Tout d'abord, il lui faut régler la question de la succession avec ses sœurs. Une indivision complexe tant l'héritage est important. Outre le manoir et son

---

1. Entretien du 18 octobre 2012 avec Aline Guichard.
2. Entretien du 27 novembre 2012.
3. Entretien du 18 octobre 2012.

parc, il y a les 46 hectares de lalande-de-pomerol, les 6 hectares de saint-émilion grand cru classé et surtout les 3,67 hectares de Vray Croix de Gay sis sur le prestigieux plateau de Pomerol, derrière Pétrus. Les débouchés du vin sont assurés, puisque c'est Christian Moueix – dont la famille est la septième plus grosse fortune dans les vins selon le classement de juin 2013 du magazine *Challenges* – qui en a la charge.

Christian Moueix, fils de Jean-Pierre, frère de Jean-François... Les Moueix sont une dynastie de négociants. Des Corréziens, comme le disent avec un tantinet de mépris les Bordelais de souche. Christian règne sur le plateau de Pomerol et s'occupait jusqu'à récemment de la gestion de Pétrus, qui appartient à son frère Jean-François. À la mort d'Olivier Guichard, Christian Moueix, qui avait l'exclusivité de la vente de ses vins depuis vingt-cinq ans, accepte de s'engager à continuer à en vendre 50 % et conserve l'export. L'avenir des vins de la baronne Guichard semble donc assuré. La succession est importante : l'héritage est colossal, d'autant plus avec l'assurance de débouchés offerte par Christian Moueix. Le Crédit agricole est là aussi pour soutenir ces entrepreneurs enthousiastes et leur prête « plus que de raison[1] ».

C'est le début d'un incroyable feuilleton, entre western local et tragédie moderne. Aline Guichard se retrouve propriétaire de prestigieux vignobles, vignobles qui intéressent au plus haut point Christian Moueix, et elle est lourdement endettée... En 1998, son père, Olivier Guichard, lance un vaste plan

---

1. *Ibid.*

de modernisation de ses domaines. Les chais sont rénovés, de nouveaux bâtiments construits. En 2001, il engage, sur les conseils de Christian Moueix, un jeune régisseur, Yannick Reyrel, élève de Jean-Claude Berrouet, l'œnologue de Pétrus.

Après tous ces investissements, Aline Guichard s'attendait à ce que ses vins soient réévalués par Christian Moueix. « Ils étaient vendus à un prix plancher et Moueix en demandait toujours plus, par exemple des caisses en bois... Nous, on ne s'en sortait plus. On lui a demandé de nous augmenter de quelques centimes[1]. » Surprise : Moueix refuse. Aline Guichard propose alors d'obtenir le droit de commercialiser elle-même une partie de son vin afin d'améliorer ses marges. Elle ne demande pas grand-chose : 30 % de ses vins et elle lui laisse l'export. Magnanime, Moueix lui en offre 50 %. Aline contacte les autres négociants de Bordeaux, les courtiers, pour essayer de faire de meilleures marges. Tous font mine d'être intéressés mais rien ne se concrétise vraiment. Quelques jours avant les primeurs, le salon où se pré-vendent les bordeaux, un Allemand envoie un fax pour acheter des allocations sur leurs vins (c'est une option que posent les investisseurs sur un vin qui n'est pas encore terminé). Aline lui explique que Christian Moueix s'occupe de l'export. Le client allemand lui répond que ce dernier vient de lui envoyer un mail pour lui dire « qu'il ne s'occupait plus des vins de la baronne Guichard ». Aline ne se démonte pas. Elle demande des comptes à Moueix qui lui répond, laconiquement, de lui envoyer des échantillons pour qu'il

---

1. Entretien du 22 octobre 2012.

puisse se faire un avis sur la qualité de ses vins. Des vins qu'il suit depuis vingt-cinq ans et qu'il fait mine de découvrir ! Aline lui fait parvenir des échantillons. Christian Moueix fait savoir que « le vin, de plus en plus médiocre, a un goût de champignon. Alors que notre œnologue régisseur avait été engagé par lui parce qu'il était l'élève de l'œnologue de Pétrus, propriété de la famille Moueix[1] ». Pour Christian, c'était l'exclusivité ou rien. Eh bien, ce sera rien. « Ce fut une grande perte pour les établissements Jean-Pierre Moueix[2] », se désole – d'un ton patelin – le tout-puissant négociant[3]. De toute façon, c'était son droit. Rien à redire. « Sauf que, dans le même temps, l'indivision s'est faite sur la base des 50 % de Moueix. On a payé le prix fort[4] », s'étrangle Aline.

On imagine fort bien que de passer d'une exclusivité totale avec un grand distributeur à plus rien

---

1. *Ibid.*
2. Mail du 18 novembre 2013.
3. Dans ce même mail du 18 novembre, Christian Moueix commente ainsi sa position : « Je vouais une grande admiration à M. Olivier Guichard. Les relations commerciales de mon père puis de moi-même étaient d'une infinie courtoisie. La confiance était réciproque. Les dernières années, nous avions recommandé un jeune directeur de vignobles pour alléger ses soucis. Nous assurions alors la totalité de la distribution de ses trois châteaux : Château Siaurac, lalande-de-pomerol ; Château Vray Croix de Gay, pomerol ; Château Le Prieuré, saint-émilion grand cru classé.
Après sa disparition, nous avons naturellement continué les relations avec ses successeurs, Aline Guichard et, plus précisément, Paul Goldschmidt. Ceux-ci ont souhaité reprendre la distribution sur la France, ce que nous avons compris et accepté.
Par contre, lorsque l'exclusivité à l'export a été remise en cause, la rupture devenait inévitable. Ce fut une grande perte pour les établissements Jean-Pierre Moueix. »
4. Entretien du 22 octobre 2012.

est des plus périlleux. D'abord, le domaine n'a pas de vieux vins à proposer à ses clients. Et puis, quels clients ? Qui sont-ils ? « Au bout de vingt-cinq ans avec un négociant, vous êtes totalement entre ses mains ; on voyait de temps en temps passer une étiquette d'export, mais on n'avait aucune idée des clients auxquels il vendait nos vins[1]. » Quant aux autres négociants de Bordeaux et aux courtiers, aucun n'a envie de se mettre à dos Christian Moueix. On ne se fâche pas avec des gens qui représentent d'aussi gros intérêts. La viticultrice s'aperçoit en outre que, durant de longues années, son vin était la punition obligatoire de ceux qui voulaient avoir du Pétrus. « Quand on s'appelle Moueix et qu'on gère avec son frère les intérêts de Pétrus, lâche Aline Guichard, on peut dire à ses clients : "Si vous voulez du Pétrus, faudra nous prendre le Siaurac." On te fait ça pendant trente ans, on ruine la réputation de ton vin, on te maintient dans une certaine ignorance et l'on peut espérer récupérer tes terres à l'occasion d'une indivision qui se passerait mal[2]. » Procès d'intention ? Peut-être. Mais on est tout de même au cœur de tout ce que le royaume engendre de violence.

Cette femme charmante et bien élevée – trop ? – a pourtant tout fait pour s'en sortir, jusqu'à prendre Alain Raynaud comme consultant, pour essayer de décrocher une bonne note chez Parker.

Las, la cote des vins Baronne Guichard est au plus bas, et ses finances aussi. Étrangement, le Crédit agricole qui, jusque-là, s'était montré extrêmement

---

1. Entretien du 18 octobre 2012.
2. *Ibid.*

coulant, commence à réclamer des comptes et, brusquement, à se montrer pressant. « Comme on était
vraiment acculés, le Crédit agricole nous a dit, l'air
de rien : "Vous n'avez qu'à vendre des propriétés,
Pomerol par exemple[1]." » Une appellation où règne
Christian Moueix puisqu'il possède une dizaine de
propriétés sur les quelque cent cinquante de l'appellation et qu'il commercialise la moitié de la production.

Une fois étranglée financièrement et littéralement
aux abois, Aline Guichard va en effet devoir se battre
sur un autre front.

1. *Ibid.*

15.

La longue marche des bannis de Pomerol

Dans les terroirs sublimes de nos plus grands vignobles, derrière les grilles dorées de ces beaux châteaux, sous les manières si policées de leurs propriétaires, se jouent chaque jour, dans le secret du royaume, des tragédies shakespeariennes que le public ignore. Car il en va des grands fauves de la vigne comme des anciens féodaux. Leur combat quotidien est d'accroître coûte que coûte leur territoire. Tant pis pour les petites gens qui se trouvent malencontreusement sur leur passage ! Il ne s'agit pour eux que de proies qu'ils ne tarderont pas à absorber, si possible à moindres frais.

Or les lions ont récemment décidé qu'il était justement temps de se débarrasser des manants sis sur le prestigieux plateau de Pomerol.

Pour ce faire, les seigneurs ont usé des stratagèmes habituels. Le premier d'entre eux est, comme toujours, de faire main basse sur le syndicat. La chose est d'autant plus aisée que celui de Pomerol, comme les autres, a su rétablir le suffrage censitaire : plus vous avez d'hectares et de propriétés, plus vous avez de voix. Par la suite, il leur suffit de faire valider le tour de passe-passe par le « gendarme » de la viticulture qu'est l'INAO. Reste à trouver le prétexte pour se débarrasser des gêneurs. En 2009, les dirigeants du syndicat ont enfin l'astuce qui leur manquait jusque-là. Leur idée ? Obliger tous les producteurs à construire un chai sur l'appellation Pomerol.

Pour beaucoup, cette nouvelle contrainte, validée par décret de l'INAO (lui-même signé de la main du ministre de l'époque, Bruno Le Maire), est impossible à respecter. Tous ceux qui ne disposent que de très petites parcelles n'ont tout simplement pas la place nécessaire pour construire un chai. Où le mettraient-ils ? Par ailleurs, quand bien même auraient-ils l'espace, l'argent leur manquerait cruellement. Astreindre ces vignerons à construire un chai, c'est les pousser à engager un investissement d'environ 500 000 euros. Somme dont la plupart d'entre eux ne disposent pas.

Le coup est rude, d'autant que, depuis des décennies, ces viticulteurs, et avant eux leurs parents et leurs grands-parents, vinifiaient leur pomerol à quelques kilomètres de l'appellation sans que cela ait jamais gêné personne.

Balayant d'un revers de main la tradition, le syndicat a considéré subitement que cet usage nuisait gravement à la qualité du vin. Et donc à la réputation de pomerol. Vingt-trois propriétés sur les cent cinquante que compte l'appellation se sont donc retrouvées dehors. Dans sa grande mansuétude, l'INAO leur accordait la possibilité de continuer à vinifier jusqu'en 2018… Histoire de laisser le temps aux prédateurs de faire leurs offres de rachat. Jusqu'à cette date, les bannis (un terme que le président du syndicat, Jean-Marie Garde, récuse, car tous, paraît-il, font partie de la même famille[1] !) peuvent en effet se battre et faire des recours tout en sachant, comme le leur ont expliqué charitablement de bienveillants futurs acquéreurs, que « plus ils se rapprochaient de la date fatidique, plus leurs terres perdaient de la valeur ». Car à la veille de la récolte 2018, les vignerons n'auront plus qu'une seule option : vendre au prix que les prédateurs leur proposeront.

Les bannis ont remué ciel et terre pour tenter d'empêcher ce décret. En premier lieu, ces candides se sont tournés vers leur syndicat, espérant qu'il s'agissait d'un simple malentendu. Sollicité, le président Jean-Marie Garde, également secrétaire général des instances interprofessionnelles des vins de Bordeaux (CIVB : Centre interprofessionnel du vin de Bordeaux), préfère laisser Christian Moueix régler cette affaire. Il est l'un des plus importants propriétaires de pomerol et, bien entendu, membre influent du conseil d'administration du syndicat. Celui-ci met en garde les bannis : « Si l'on procède à un nouveau vote, il aura encore une fois la majorité[2]. » Or, au sein de ces sans-grade, il y a de nombreux petits propriétaires qui vendent leurs vins en exclusivité ou en

---

1. Jean-Marie Garde, président du syndicat, explique dans un mail du 21 novembre 2013 : « Pour le syndicat, il n'a jamais été question de "bannis", tous les viticulteurs produisant sur l'AOC pomerol étant membres du syndicat reconnu ODG (organisme de défense et de gestion). »
2. Communiqué de presse des bannis et entretien avec Aline Guichard du 27 novembre 2012.

vrac chez Moueix. La plupart d'entre eux n'ont donc aucun intérêt à se mettre à dos leur unique client.

Neuf courageux, sur les vingt-trois bannis, décident tout de même d'attaquer. Et les voilà qui gagnent leur recours en Conseil d'État le 9 mars 2012 ! Le décret de l'INAO, signé de la main du ministre Bruno Le Maire, est annulé pour excès de pouvoir. Dans ses considérants, le Conseil d'État s'étonne de la motivation du ministre de l'Agriculture ainsi que du gendarme de la viticulture, l'INAO, qui justifiait cette nouvelle mesure « par la nécessité de limiter le transport et la manipulation du vin afin de préserver sa qualité ». Or ce sont les grappes que l'on transporte... et non le vin. Par ailleurs, comme le souligne encore le tribunal administratif, « certains exploitants sont amenés à transporter leur vendange à l'intérieur de l'aire géographique de production sur des distances parfois plus longues que celles sur lesquelles les requérants transportent leur récolte[1] ». Le Conseil d'État s'interroge également sur la suppression drastique de toute zone de proximité immédiate à l'exception notable de deux parcelles, opportunément préservées car elles appartiennent à des hommes du système. En clair, on veut en virer quelques-uns au profit de beaucoup d'autres et cela se voit un peu trop.

Pressentant le rejet de leur décret, le syndicat et l'INAO en ont aussitôt concocté un autre qui, dans sa grande mansuétude, laisse trois années de plus aux bannis pour se mettre dans les clous. Dans la première mouture, ils avaient supprimé tous les villages

---

1. Conseil d'État, n° 334575, 9 mars 2012.

qui jusque-là faisaient partie de l'aire de proximité puisque cette dernière nuisait, semble-t-il, à la qualité des vins. Or, dans la seconde version, une nouvelle zone a été créée, englobant tout Libourne où nombre de gros négociants ont leurs entrepôts... Il faut croire que si les anciennes zones de proximité ancestrales nuisent gravement à la qualité des pomerol, les entrepôts de Libourne sont, eux, un facteur de qualité reconnue[1]. On est au-delà de l'absurde, au pays de Kafka vigneron !

Autant de « particularismes locaux » que le président du Comité national des vins de l'INAO, confronté à ce dossier gênant, a soigneusement évité d'un mot incroyable : « Joker[2] ! » Le prétexte ? Une insuffisante connaissance du dossier, paraît-il. Un comble. L'homme reconnaît que des affaires telles que celle-ci émergent un peu partout en France et notamment dans les appellations les plus prestigieuses. « Dans 99,99 % des cas, il n'y a aucun problème, mais parfois, des syndicats puristes ont une vision de l'aire de proximité très réduite, ce qui peut poser des problèmes de voisinage[3]. »

Voilà très certainement l'explication ! Le syndicat de Pomerol, entièrement dédié à la qualité des vins,

---

1. Voici la réponse que nous a faite M. Jean-Marie Garde, président du syndicat de Pomerol, par courriel du 21 novembre 2013 : « L'AOC pomerol s'étend sur la totalité de la commune de Pomerol et une partie de celle de Libourne ; environ 30 % de l'appellation pomerol sont sur Libourne. La zone de proximité a été ouverte à la totalité de la commune de Libourne car s'agissant d'une continuité administrative, en accord avec la réglementation européenne. »
2. Entretien du 14 novembre 2013 avec Christian Paly.
3. *Ibid.*

au respect du terroir et du goût, s'est peut-être montré trop tatillon ? Comment pourrait-il en aller autrement !

Autre incongruité. Si certaines parcelles de pomerol n'ont plus le droit à l'appellation du simple fait qu'elles n'ont pas de chai, une terre de lalande-de-pomerol, appellation bien moins prestigieuse, a le droit, elle, selon ce même décret, de se prévaloir de l'appellation pomerol. L'INAO et le syndicat ont même pris soin d'ajouter une annexe pour régler cette petite affaire. La parcelle du Château de Sales en Lalande, c'est donc du pomerol ! L'histoire remonterait à un jugement du tribunal civil de Bordeaux du 29 décembre 1928. Bref, ce serait l'usage dans la région depuis des décennies... Comme la zone de proximité immédiate des sans-chais ? Oui, mais cette fois-ci, cela concerne un ami, donc c'est un peu différent. Car le Château de Sales appartient à Bruno de Lambert, vice-président du syndicat, organisme qui a veillé à la rédaction des décrets... Interrogé sur cette exception, le vice-président l'a d'ailleurs pris en fort mauvaise part[1].

Les bannis ont donc décidé de réattaquer, mais l'un d'entre eux, et non des moindres puisqu'il s'agit de

---

1. Courriel du 21 novembre 2013 de M. Bruno de Lambert, vice-président du syndicat de Pomerol : « Concernant l'attaque personnelle dont je fais l'objet, je me contenterai de répondre que la situation du Château de Sales et son entité font suite à un jugement du tribunal du 28 décembre 1928 [en fait, il est stipulé le 29 décembre dans le cahier des charges officiel de l'appellation], jugement repris par le décret de 1936 et donc dans le cahier des charges ; je vous précise également que les vins ont toujours été vinifiés dans l'AOC pomerol. »

Jean-Louis Trocard, ancien président du Conseil inter-professionnel du vin de Bordeaux (CIVB), s'est finalement désisté... Il faut dire qu'entre-temps, par le plus grands des hasards bien entendu, son fils est tombé sur une aubaine. L'INAO a permis la transformation de l'hippodrome de Libourne, soi-disant vétuste, en un peu plus de 13 hectares de vignes en appellation pomerol... Un hippodrome ! Au prix de l'hectare de pomerol, cette opportune transmutation d'un champ de courses en terroir noble tombe à pic. Surtout dans une appellation où chaque parcelle vendue fait l'objet de toutes les convoitises. Et Benoît Trocard, fils de Jean-Louis, a pu opportunément obtenir 2,08 hectares... 2 hectares vendus au prix d'ami de 446 000 euros l'hectare[1] (il s'échange à un million dans cette partie-là de l'appellation) qui valaient un peu de compréhension envers le syndicat. Jean-Louis Trocard réaffirme « son soutien sur le fond avec ses anciens collègues », mais convient que la « possibilité » offerte à son fils de s'agrandir a engendré un « changement de stratégie qui l'a amené à prendre la décision de ne pas continuer la procédure avec [s]es collègues[2] » : qu'en termes choisis, ces choses-là sont dites...

---

1. César Compadre, « À Pomerol, l'hippodrome laisse place à la vigne », *Sud-Ouest*, 22 avril 2011.
2. Le mail de Jean-Louis Trocard, du 20 novembre 2013, donne plus de précisions : « Bon, cela veut dire que sur le fond je reste solidaire avec mes collègues.
Comme vous l'avez justement remarqué, Benoît a eu la possibilité de s'agrandir sur l'hippodrome, nous allons donc produire un nouveau vin dont le nom sera Château Porte Chic. » Nous exploitons donc 3,5 ha à Pomerol sur deux crus et nous avons estimé que cela devenait le minimum pour investir dans un chai. (...)

Du côté de l'INAO, on rappelle les nobles missions de ce bel organisme. L'une d'entre elles n'est-elle pas, selon son président des vins, Christian Paly, « d'avoir un rôle structurant sur l'aménagement du territoire afin d'éviter que certains paysages de France ne restent en souffrance[1] » ?

Cet anoblissement lucratif de terres dévolues jusque-là aux plaisirs des courses hippiques répondait, à n'en pas douter, à cette lourde tâche.

En attendant que les partages soient faits et les loups rassasiés, Aline Guichard, étranglée par les dettes, s'obstine courageusement à conserver ses trois hectares sur le plateau de Pomerol. Trois hectares qui risquent d'être décotés à l'approche de la date fatidique de 2021[2].

Un jour où la baronne était vraiment dans l'impasse, un cadre du Crédit agricole lui a glissé : « Vous n'avez qu'à vendre des propriétés, Pomerol par exemple. » Christian Moueix n'a même pas besoin de lui faire directement des propositions de rachat, ses hommes s'en chargent.

Mais Christian Moueix, toujours attentionné, aime

C'est donc un changement de stratégie qui m'a amené à prendre la décision de ne pas continuer la procédure avec mes collègues. »

1. Entretien du 14 novembre 2013.
2. Courriel du 21 novembre 2013 du président du syndicat de Pomerol, Jean-Marie Garde : « Il n'a jamais été question d'exclusion. Dans le cas où le Conseil d'État reconnaît le cahier des charges actuel, les viticulteurs vinifiant actuellement hors AOC ne seront pas exclus, ayant jusqu'en 2021 pour se mettre en accord avec ce cahier des charges. Pour ce faire, il n'y aura pas lieu d'arracher un seul pied de vigne, les propriétés concernées possédant des bâtiments pouvant être aménagés ou pouvant louer des chais actuellement disponibles dans l'AOC pomerol. »

aussi à faire savoir régulièrement à la famille Guichard qu'il sera toujours là quand ils seront dans le besoin. Il leur a d'ailleurs adressé un courrier[1] les assurant qu'il était prêt, dans sa grande mansuétude, à mettre un chai à leur disposition pour qu'ils n'aient plus à souffrir de cette décision du syndicat. « C'est dans un but d'"apaisement" que j'ai proposé par lettre du 15 décembre 2011 la location d'un petit cuvier et du chai d'une propriété que nous venions d'acquérir et dont nous n'avions pas besoin dans l'immédiat. Je n'ai jamais reçu de réponse[2] », souligne le généreux négociant. Cette lettre, facétie du destin, a été versée à charge contre les bannis dans le dossier qu'ils ont déposé auprès du Conseil d'État. Comportement peu confraternel du grand propriétaire terrien ? Pourtant, à l'entendre, il n'a qu'un seul désir : la trêve sociale au sein de son appellation. N'est-il pas allé jusqu'à exhorter l'auteur à ce que « ses écrits contribuent à la paix de pomerol[3] » ?

Aussi, quand Christian Moueix a demandé à nouveau de pouvoir lui rendre visite, une simple visite de courtoisie entre voisins (Christian vient de racheter une parcelle non loin de chez Aline), la baronne a préféré assurer ses arrières et lui a demandé une lettre d'avocat certifiant que cette charmante entrevue ne pourrait d'aucune manière être versée au dossier juridique.

---

1. Lettre du 15 décembre 2011.
2. Mail de Christian Moueix du 18 novembre 2013.
3 « Puissent vos écrits contribuer à la paix de l'appellation pomerol », *ibid.*

Le plus extravagant ? Le négociant s'est exécuté ! Il est venu discuter de façon badine de sujets anodins et a déposé au pied de la baronne six bouteilles de La Fleur-Pétrus. Comme une offrande à sa future proie.

Depuis, Aline tremble. Le prédateur se rapproche : sait-il que l'année a été mauvaise et que l'éventualité d'une vente se rapproche ? Mais connaît-il seulement la détermination de la baronne ?

Sa pugnacité a d'ailleurs payé, puisque la justice lui a donné, une fois encore, raison : le Conseil d'État[1] vient de casser, à nouveau, le dernier décret en date de l'INAO concernant la définition de la zone de proximité dans le cahier des charges de Pomerol. Une bouffée d'air, pour elle et ses comparses, qui ne la rassure pourtant qu'en partie. Elle ne connaît que trop bien les seigneurs locaux et sait qu'ils ne s'avoueront pas si aisément vaincus. Qu'importe. Galvanisée par cette victoire, Aline est plus que jamais prête à continuer le combat. Elle aura besoin de toutes ses forces. Les grands fauves ont déjà trouvé la parade pour se débarrasser des gueux[2]. Ils l'ont annoncé à Aline le 24 décembre : pas de trêve de Noël au sein du royaume enchanté, les prédateurs sont toujours sur le sentier de la guerre.

---

1. Conseil d'État, décision du 17 décembre 2013.
2. Le Conseil d'État a remis en cause les multiples remaniements de la zone de proximité. Qu'à cela ne tienne, les seigneurs du cru, qui ont tous une solution de repli, ont décidé de s'en passer et d'imposer une lecture plus stricte du cahier des charges, boutant ainsi, une fois encore, les petits crus de l'appellation.

16.

Il faut voir plus grand

Le petit royaume vit donc sous la férule d'une poignée de féodaux. Ceux-ci ont, par l'intermédiaire des syndicats professionnels, en tout cas à Bordeaux, le pouvoir de créer des vignes sous les sabots des chevaux et d'exclure quiconque se mettrait en travers de leur chemin. Mais la bataille pour la terre est-elle l'apanage de cette région ? Qu'en est-il ailleurs, dans d'autres vignobles prestigieux ? Une incursion sur les terres champenoises relativise soudain le pouvoir extravagant des nantis de Pomerol. Car toutes ces petites histoires bordelaises ne sont que broutilles à côté de la guerre fratricide que se livrent les Champenois pour l'agrandissement de leur appellation.

Il faut dire que l'on commençait à se sentir un peu à l'étroit au sein de ce merveilleux vignoble. Le champagne se vendait tellement bien à la veille du passage à l'an 2000 ! Il était donc urgent de pousser les murs. Or on avait déjà fait des miracles et planté partout où l'on avait le droit de le faire. Et même au-delà. Dans sa lettre de novembre 2010, le syndicat général des vignerons rappelle que « dans les années soixante-dix, le vignoble couvrait environ 17 000 hectares » et souligne qu'il restait alors « 15 000 hectares de terres à vignes à planter[1] ». Quarante ans plus tard, la surface a doublé et... elle est encore insuffisante, à en croire les instances locales. Or, comme entre une terre à blé et une terre à champagne la culbute foncière est d'environ deux cents, tout le monde a le plus grand intérêt à cette transformation du plomb en or.

Toutes les communes qui ne pouvaient pas encore se prévaloir du précieux sésame ont donc fait pression pour être intégrées dans l'aire d'appellation. Avec autant d'argent en jeu, que s'est-il passé ? Les contentieux se sont multipliés. Le syndicat et l'INAO ont fini par prendre le taureau par les cornes. En 2003, le SGV (syndicat général des vignerons de la Champagne) fit voter à ses membres la résolution suivante : « Donnez-vous mission au syndicat de défense de l'appellation d'organiser avec l'INAO la révision de l'aire géographique et des critères qui fondent la délimitation champenoise ? » Le oui l'emporta sans surprise par trois cent quatre-vingt-treize voix sur quatre cent dix-huit. Et depuis ? Eh bien, depuis, on attend, et d'expertises en contre-expertises indépendantes, on repousse l'échéance.

« Ce sera pire que le partage de l'Afrique, plaisante Bertrand Auboyneau, patron du bistrot Paul-Bert et fin connaisseur du milieu champenois. Les intérêts sont tellement colossaux[2]. » Un marché parallèle s'est d'ailleurs mis en place où l'on achète et vend des terres bien au-dessus de leur prix objectif dans l'espoir

---

1. Syndicat général des vignerons, *La Champagne viticole*, n° 762, novembre 2010.
2. Entretien du 17 février 2012.

qu'elles soient retenues comme parcelles en « appellation champenoise » par l'INAO et le syndicat. « Les mecs sont devenus fous ; ils tueraient père et mère pour avoir des terres dont ils ne savent même pas ce qu'elles vaudront au final[1] », explique ce consultant, membre des vignerons indépendants. D'ailleurs, les viticulteurs ne souhaitent pas parler publiquement de cette affaire. Chacun y va de son fait divers sordide pour expliquer son silence. Untel aurait été tué d'un coup de fusil dans telle commune a priori retenue pour faire partie de l'AOC champenoise. Rumeurs et fantasmes prospèrent.

« Je ne veux pas mourir pour ça, l'argent, ça rend les gens dingues, ils sont tous devenus spéculateurs ici », peste ce vigneron aubois. Jean-Sébastien Fleury, propriétaire dans la Côte-des-Bar, n'est pas très optimiste non plus sur cette guerre de la terre dont les enjeux sont encore si incertains : « On ne verra pas les effets de la réforme de l'INAO avant 2018-2019. Et encore, si ça se passe bien. Or ce n'est pas parti pour bien se passer. Il peut y avoir des déclassements et des reclassements. Les vignerons qui auront été déclassés vont forcément faire appel. C'est un dossier très délicat sur lequel les gens à l'intérieur de la profession ne peuvent pas garantir de délais et ne veulent donc pas se prononcer[2]. »

Dès la fin des années quatre-vingt-dix, le syndicat avait mandaté l'un de ses anciens présidents pour commencer le travail de repérage des parcelles préliminaire à ce futur classement qui verra peut-être le jour en 2020... « Bizarrement, un certain nombre d'élus de l'époque se sont retrouvés avec des terres AOC dans

---

1. Entretien du 12 avril 2012.
2. Entretien du 12 juin 2012.

des villages où jusque-là ils ne possédaient même pas un jardin !, s'étrangle ce viticulteur. On nous garantit l'équité de ce classement et l'intégrité de ces experts indépendants, mais j'en doute[1] », conclut ce même vigneron. Il est vrai que l'expertise indépendante n'est pas le fort de nos amis viticulteurs. Certains Champenois ont toussé en constatant que l'un des anciens présidents du syndicat général des vignerons de la Champagne, très impliqué dans ces questions de reclassement, fut choisi comme expert indépendant dans la commission pour le classement de Saint-Émilion. « Tu peux être sûr que l'on va voir un jour débarquer l'un de ses copains bordelais, qui viendra opportunément reclasser, en toute indépendance, des terres en Champagne... C'est donnant-donnant avec ces gens-là[2] ! »

Les suspicieux n'ont peut-être pas entièrement tort ! Car, de fait, c'est vers « la constitution d'une commission d'enquête "indépendante" composée de personnalités extérieures à la zone géographique concernée[3] » que s'oriente le patron du Comité vins de l'INAO. Seule solution, pour lui, envisageable, « pour instruire en toute impartialité cet épineux dossier dont les enjeux financiers sont colossaux[4] ».

Échaudés par les péripéties bordelaises et conscients de jouer leur crédit sur cette affaire – ou du moins ce qu'il en reste –, les apparatchiks de l'INAO « avancent désormais à pas comptés et réfléchis[5] ».

En clair, il est urgent d'attendre.

---

1. Mail du 12 octobre 2012.
2. Entretien du 19 octobre 2012.
3. Entretien du 14 novembre 2013.
4. *Ibid.*
5. *Ibid.*

De toute façon, dans la région, même avant les révisions de l'aire d'AOC, on s'est toujours livré de rudes batailles. Chaque parcelle vendue est l'objet d'un âpre combat. Les Beaufort l'ont appris à leurs dépens. Il faut dire que la famille détonne dans ce milieu si policé. Le père, Jacques, est en bio depuis 1971, un véritable sacerdoce quand on est à Ambonnay, dans la Marne, sur les plus belles terres de Champagne, là où toutes les maisons les plus prestigieuses ont leur domaine. Mais l'homme est très croyant, et il voit sa conversion comme un chemin de Damas. Ses fils sont installés à Polisy, dans l'Aube : ils ont repris le château en ruine depuis un incendie. « Les Marnais sont très mal vus dans l'Aube[1] », constate Bertrand Gautherot, un viticulteur courageux qui s'est littéralement fait jeter hors de sa coopérative pour avoir osé se convertir, lui aussi, en bio : « C'est une rivalité ancienne, nos terres seraient moins nobles que les terres marnaises. En attendant, on a 22 % de la surface de la Champagne, mais on ne fait que 5 % des bouteilles. Les Marnais nous achètent nos raisins. C'est comme ça que ça marche[2]. » Alors, quand les fils Beaufort, des Marnais, sont arrivés à Polisy et qu'ils ont racheté le château, la bronca s'est levée. « C'est certain, rit Bertrand, ils n'étaient pas très bien vus, en plus ils sont dix enfants et font du bio[3] ! » Les Beaufort ne sont pas gens à se laisser impressionner pour si peu. Ils ont repris les terres, les ont fait fructifier et ont même essayé d'en racheter d'autres... Mais là, on les a renvoyés dans les cordes. On ? Précisons : il s'agit

---

1. Entretien du 10 juillet 2012.
2. *Ibid.*
3. *Ibid.*

de la Safer locale et du syndicat viticole. Ces Sociétés d'aménagement foncier et d'établissement rural (Safer) sont censées protéger les terres agricoles et favoriser notamment l'installation des jeunes. Ce que sont les fils Beaufort. On est au début des années 2000, le prix du foncier champenois est élevé mais n'a pas encore connu la flambée de ces dernières années, et Joachim prend le pli « d'acheter une parcelle tous les ans en empruntant raisonnablement[1] ». Il en acquiert deux sans problème, puis son « appétit » foncier commence à chagriner les grosses maisons voisines. La Safer y met donc bon ordre et préempte sa parcelle. Qu'est-ce à dire ? Reprenons le descriptif de la Safer. Cette noble institution explique que, « selon les articles L 143-1 et L 143-2 du code rural, la loi lui donne la possibilité de disposer d'un droit de préemption (…) Les Safer sont systématiquement informées des projets de vente par les notaires et peuvent acheter à la place de l'acquéreur initial. Leur but étant de revendre à un autre acquéreur dont le projet répondrait mieux aux enjeux d'aménagement locaux ». Et ce, « toujours dans un but d'intérêt général[2] ». Il faut croire que Joachim Beaufort nuisait grandement à l'intérêt général, et que les quarante années de viticulture biologique menée par son père n'en faisaient pas le candidat idéal pour « protéger l'environnement », car il n'a pas eu le droit d'acheter sa parcelle. « Mon frère achetait en tant que jeune agriculteur. Normalement on ne préempte pas un jeune agriculteur, assène son frère Quentin. Les terres ont été attribuées à un jeune qui vit à Montgueux, à près de 50 kilomètres d'ici, alors

---

1. Mail de Joachim Beaufort du 12 juillet 2012.
2. *Ibid.*

que l'une des missions premières de la Safer est d'éviter toute dispersion des terres[1] ». Pourquoi ce jeune-là ? Un hasard sans doute, mais cet agriculteur était sous contrat avec l'un des magnats de la Champagne, Paul-François Vranken[2], à qui il vendait ses raisins. Nul doute que Vranken avait un besoin urgent d'une parcelle d'un hectare supplémentaire ! Le groupe Vranken-Pommery-Monopole ? C'est le deuxième acteur en Champagne[3] derrière LVMH avec 10 % du marché des maisons de champagne, 20,6 millions de bouteilles et 339,6 millions d'euros de chiffre d'affaires. Le groupe possède 7 100 hectares d'approvisionnement de raisins en Champagne, Camargue, Provence et Portugal, dont 2 520 hectares en propre et 4 580 hectares de contrats vignerons.

Parti de rien, ce Liégeois a réussi en quelques décennies à ériger un véritable empire. Que ce soit dans l'Aube ou dans la Marne, plus personne ne l'appelle le Belge ou « Machin » comme on a pu le faire à ses débuts, au moment où il ne connaissait pas encore les us et coutumes de ce petit milieu fermé. Désormais, c'est Vranken. Mais son nom ne se prononce pas à haute voix dans un lieu public, il se chuchote après avoir bien vérifié de droite et de gauche que l'on n'était pas en présence de l'un de ses hommes. Car si, en un peu plus de trente ans, le roturier est devenu vice-roi de Champagne derrière Bernard Arnault et qu'il est, avec ses 226 millions d'euros, la cinquième

---

1. Entretien du 11 juillet avec Quentin Beaufort.
2. Sollicité par courriel du 6 novembre 2013, Paul-François Vranken n'a pas souhaité répondre.
3. Rapport financier semestriel au 30 juin 2012.

plus grosse fortune[1] de cette belle région, sa réputation reste sulfureuse. L'homme a su mettre tous les moyens de son côté pour s'assurer une ascension fulgurante. « Rien ne doit lui résister, tous sont à sa botte, c'est un homme qui a l'habitude qu'on lui cède[2] », lâche Julienne Guihard, journaliste de *L'Union* qui, la première, s'est attaquée à ses petits arrangements avec la gentry locale.

Le 16 décembre 2009, elle publie dans *L'Union* un article qui fera beaucoup de bruit. Son titre ? « Scandale au SGV (syndicat général des vignerons de la Champagne), 3 millions dans la nature. » Dans ce papier, elle s'interroge sur le rachat plus que douteux par le syndicat d'un ensemble immobilier appartenant à Paul-François Vranken. Le bâtiment est situé au 17 de la très prestigieuse avenue de Champagne, les Champs-Élysées d'Épernay. Toutes les plus grandes « maisons » y ont pignon sur rue. Le syndicat se devait donc, lui aussi, pour tenir son rang, d'y acquérir une adresse. Ce fut chose faite en février 2003 : le conseil d'administration du syndicat valide la transaction. Le bâtiment est racheté à la société Vranken pour 4,55 millions d'euros, soit environ deux fois et demie son prix ! Pour dénoncer l'incongruité de ce rachat effectué à un prix qui paraît très surévalué, Julienne Guihard s'appuie sur deux estimations, l'une notariée, datant de 2006, qui évalue le bien à 1,8 million d'euros avant travaux, et une seconde, émanant de l'architecte en charge

---

1. *Challenges* du 20 juillet 2011. Il est trente-sixième dans le classement des cinquante fortunes du vin du même magazine datant de 2013, avec une valorisation de 200 millions d'euros.
2. Entretien du 4 décembre 2012.

des travaux, Jean-Baptiste Michel, tablant, quant à lui, sur 1,6 million d'euros. Trois millions de trop donc. Et encore, c'est compter sans les millions d'euros de travaux qui ont été engloutis depuis dans cette bâtisse.

C'est Philippe Feneuil[1], alors président du syndicat général des vignerons de la Champagne, qui s'est chargé de la transaction. « Le SGV a beaucoup d'argent en réserve, personne ne pose de question. Le conseil d'administration donne donc son accord sans demander aucune estimation préalable[2] », se remémore Julienne Guihard. Quand on aime, on ne compte pas. Mais le conseil d'administration n'a pas toutes les cartes en main. Il ignore notamment le contenu de la lettre manuscrite datée du 6 décembre 2002 que Philippe Feneuil a fait parvenir à Paul-François Vranken. Dans ce courrier, Feneuil rappelle que Paul-François Vranken marque son accord « sous réserve que la SCEV Pommery soit bien exploitante en janvier 2003 des parcelles de vignes et de terres à vignes demandées à la commission départementale des structures ». « Une précision surprenante, note la journaliste, sauf à penser que Philippe Feneuil pourrait, et devrait, influencer la décision de cette commission[3]. » Or, en théorie, ce notable local ne devrait pas avoir d'influence sur la commission des structures ; « cette commission donne les droits d'exploiter et évite ainsi des spéculations grossières et autres spoliations de terres agricoles[4] », explique un

---

1. Sollicité par courrier du 6 novembre 2013, Philippe Feneuil n'a pas souhaité répondre.
2. Entretien du 4 décembre 2012.
3. Julienne Guihard, art. cit.
4. Entretien du 14 octobre 2012.

syndicaliste champenois. « Cette instance va valider le fait que vous puissiez devenir professionnel. Si, pour devenir professionnel, vous mettiez en danger un maraîcher qui n'a que ses deux hectares pour vivre, cette institution devrait, en toute logique, vous dire non. Paul-François Vranken est un négociant, son entreprise est une société de business et pas une société agricole. Quand il a racheté des vignes de Pommery, il fallait donc qu'il passe par la commission des structures pour exploiter ses vignes. Elle pouvait lui demander de renoncer à ses terres et de les mettre en location avec des jeunes, or il souhaitait obtenir le droit de les exploiter directement[1]. »

Dans son courrier, Feneuil souligne également la seconde réserve de Vranken. Ce dernier exige d'obtenir « des propriétaires la possibilité d'utiliser les murs extérieurs (…) ainsi que la cession des terres non classées, bâties et non bâties, à hauteur de plus ou moins 5 000 m² ». Là encore, insiste la journaliste, « cette nouvelle condition laisse songeur. En quoi le fait que Paul-François Vranken obtienne ou pas l'accord de ces propriétaires concerne-t-il le SGV et Philippe Feneuil ? Sauf, encore une fois, si celui-ci est censé s'en charger lui-même, directement ou indirectement[3]. » Tout cela n'est pas illégal pour autant, mais démontre l'influence de Vranken.

Cet homme d'affaires redoutable a donc non seulement obtenu 3 millions de trop pour le rachat de son bâtiment, mais a en outre posé des conditions qui le

---

1. Entretien du 19 octobre 2012 avec un syndicaliste champenois.
2. Julienne Guihard, art. cit.
3. *Ibid.*

favorisent encore. Il est pour le moins étrange que le président Feneuil ait embarqué son syndicat dans une transaction qui lui est, apparemment, si peu favorable. « D'autant plus que ce dernier était alors épaulé par Rolland Chaillon[1], ancien juriste et à l'époque directeur du SGV[2], s'étonne Julienne Guihard. Le pourquoi de cette étrange transaction restera sans doute à jamais un secret entre eux trois. Pourtant, on aurait tous adoré savoir tout d'abord s'il y a eu compensation et, si oui, à l'égard de qui et pour quels services rendus[3] ? » On sait tout de même que lorsque Rolland Chaillon s'est fait limoger du syndicat en 2005 (dont il était salarié depuis 1979), il a retrouvé immédiatement un poste. Où ? Dans la société Vranken. Le monde est trop petit : il doit s'agir d'une nouvelle coïncidence.

On comprend que ce papier ait beaucoup déplu au distingué monsieur Vranken. Tant, d'ailleurs, que dans la foulée il attaque l'auteur en diffamation. À ce moment-là se joue l'un des épisodes les plus rocambolesques de cette affaire. L'intrigue se noue au moment des consignations[4] au titre des poursuites engagées par le plaignant et sa société, Vranken-Pommery, à l'encontre du journal *L'Union*. Ce 9 février 2010, l'audience est ouverte par le président du tribunal correctionnel de Reims, Mario-Louis Craighero[5]. Ce

---

1. Sollicité par téléphone, par mail du 6 novembre et par courrier de la même date, Rolland Chaillon n'a pas souhaité répondre.
2. Entretien du 4 décembre 2012.
3. *Ibid.*
4. Il s'agit des sommes que doivent payer les parties civiles pour engager une poursuite pénale.
5. Sollicité par courrier du 6 novembre 2013, le juge Craighero n'a pas souhaité répondre.

dernier commet une erreur d'écriture qui aurait pu faire annuler la procédure. Les avocats de *L'Union* comme ceux de Vranken s'en aperçoivent. L'un des avocats de Vranken se rend au greffe le lendemain de l'audience pour faire part de l'erreur au greffier[1]. La pression monte donc chez monsieur le juge qui constate que les avocats de Vranken seraient fort marris que la procédure n'aboutisse pas.

Le magistrat tente alors la conciliation avec l'un des avocats de *L'Union* qui refuse de se laisser amadouer. Loin de se décontenancer pour si peu, que fait ce juge ? Il prend son blanco et modifie ses menues erreurs tout en faisant pression sur son greffier pour qu'il avalise tout cela ! Les avocats du journal s'aperçoivent de la supercherie et préparent leur plainte contre le juge pour faux en écritures publiques, un acte délictueux gravissime qui, en France, peut vous valoir les assises ! Le juge est pris les doigts dans le pot de confiture et devra répondre de ses agissements. Sauf que, la plainte n'étant pas encore déposée, le magistrat pense qu'il a encore quelques cartes à jouer. Sûr de son carnet d'adresses, il décide de faire appel à l'un de ses contacts, un homme politique local, Philippe Malpezzi, ancien attaché parlementaire du ministre UMP Renaud Dutreil, pour servir d'intermédiaire avec Jacques Tillier, alors directeur de la publication *L'Union*.

Rendez-vous est pris le 11 mars 2010 à l'hôtel de la Paix, à Reims. Tillier, qui n'est pas né de la dernière pluie, se doute des raisons de cet entretien. « On avait tout prévu, explique Julienne Guihard. On avait posté

---

1. Compte rendu de la division nationale d'investigations financières de Nanterre publié par *L'Union* le 24 février 2011.

un photographe à la sortie du bar et on a tout enregistré. » De fait, le juge s'est présenté comme un élément « modérateur » du tribunal à l'égard de *L'Union,* et demandait à Jacques Tillier de calmer son avocat. En clair : rendez-moi ce service, étouffons cette sinistre affaire et *L'Union* n'aura plus jamais aucun problème judiciaire. Donc, non content d'avoir fait des faux, le juge se compromet dans une sombre histoire de corruption passive... Bien entendu, les avocats de *L'Union* vont, dans la foulée, porter plainte contre le magistrat. Craighero, jugé par ses pairs, écopera de l'une des pires sanctions : la mise à la retraite d'office. Mais ce qui manque, une fois encore, c'est le fin mot de l'histoire. Pourquoi le juge a-t-il pris de tels risques pour plaire à Paul-François Vranken ? Il était pourtant bien placé pour savoir qu'il jouait sa carrière sur une affaire comme celle-là. La division nationale d'investigations financières de Nanterre en charge du dossier regrettait, elle aussi, que les investigations ne soient pas poursuivies. « En effet, jusqu'à maintenant, aucune investigation n'a permis de s'assurer que M. Craighero n'avait pas été rétribué pour ses actes et qu'il ne possède aucun lien direct ou indirect avec M. Vranken ou la société Vranken-Pommery-Monopole pour qui la décision initiale était dommageable, ce que leurs avocats ont fait remarquer à M. Craighero[1]. »

Cette procédure devait d'ailleurs tenir particulièrement à cœur au magnat local puisque, alors que sa propre procédure était suspendue au cas Craighero, donc gelée, le président Feneuil a décidé, tardivement, de porter plainte à son tour contre le journal

---

1. *Ibid.*

et la journaliste. Relançant par là même le procès que Feneuil ne remportera pas et au cours duquel, en outre, il devra s'expliquer sur des enveloppes d'argent liquide qu'il touchait de la part de son syndicat lorsqu'il en était président. « C'est vrai que c'était pas bien pour le fisc[1] », a balbutié le notable lors du procès, sans pour autant expliquer l'usage qu'il en faisait.

Autant dire que quand Paul-François Vranken veut quelque chose, tous ou presque s'exécutent.

Ici aussi, les enjeux financiers sont colossaux. Ce sont 152 millions d'euros que Vranken dépense en 2002 lorsqu'il rachète au groupe LVMH la marque Pommery, le site de Reims, une petite vingtaine d'hectares de vignes, les caves, les stocks, les contrats d'approvisionnement... Mais pas la majorité des vignes de Pommery. Les 470 hectares de vignes, dont 300 situés sur les meilleurs crus de la Champagne[2], restent dans les mains de Bernard Arnault. La question de béotien que l'on peut alors se poser est la suivante : comment Vranken fait-il pour conserver le goût Pommery sans les vignes Pommery ? Un mystère qui fait bruisser tous les professionnels de la région mais qu'aucun d'entre eux n'a encore réussi à percer...

Il faut croire que le goût maison de toutes ces grandes marques n'a aucunement besoin ni des vignes ni du terroir. Leur savoir-faire, immense, suffit sans doute.

---

1 « Procès en diffamation intenté par Vranken et Feneuil », *L'Union-L'Ardennais*, 23 janvier 2012.

2. *Les Échos*, n° 18627, 3 avril 2002.

17.

Les hélicos du bon goût

Jacques Beaufort, vigneron à Ambonnay dans la Marne, dont l'un des fils a dû affronter les seigneurs locaux dans l'âpre bataille de la terre, est un personnage. Fervent catholique, il vit son métier et son engagement dans la vigne comme un sacerdoce. Durant des années, il a souffert le martyre à cause d'allergies qui le frappaient chaque fois que l'hélicoptère d'épandage de pesticides passait au-dessus de ses parcelles.

L'homme était moqué, perçu comme l'excentrique du coin. Pensez ! Jacques pratique une viticulture biologique ! En Champagne, et surtout dans la Marne où chaque parcelle de vigne est plantée jusqu'à la limite de la route, où la densité des cultures effraierait un Beauceron, ce choix relève de l'utopie. Pas guerrier pour un sou, il est d'abord parti à la rencontre de chacun de ses voisins, expliquant, sans relâche, ses problèmes de santé. Mais au lieu de trouver auprès d'eux une oreille attentive, le viticulteur n'a récolté que sarcasmes et ricanements. Tous, sans exception, se sont détournés de cet empêcheur de pulvériser en rond. Bio, passe encore, mais protestataire,

171

certainement pas. Mis au ban de son milieu, malade, il est à bout de forces. « À partir de mars, j'attrapais des allergies. Or ces types traitaient jusqu'en juillet. J'étais désespéré. J'allais dans les vignes les jours de pluie en me disant que ça irait mieux. C'était pire. Le médecin m'a dit de mettre des gants. Mais je ne parvenais pas à tailler avec. J'essayais de m'arranger à l'amiable. Je suis même allé voir le préfet. Sans effet[1]. »

Puis, un jour, c'est la phrase de trop. L'un de ses voisins le regarde droit dans les yeux et lui assène : « "T'aurais quelque chose dans le froc, Beaufort, tu nous aurais déjà mis en justice." J'ai fait le dossier dans la foulée[2]. » Le 17 février 1988, par l'arrêt n° 185, la chambre civile de la cour d'appel de Reims lui donne raison contre la société Coop Air. Les hélicos n'iront plus voltiger au-dessus de ses parcelles.

Cette victoire, il l'a payée au prix fort. D'innombrables tracasseries lui seront faites à la suite de ce jugement : « on » contaminera « malencontreusement » certaines de ses vignes, on « oubliera » de relever le pulvérisateur en passant à côté de ses terres… Mais il en faut plus pour arrêter ce vigneron rebelle.

Bien heureusement, dorénavant protégés par la législation, ces viticulteurs courageux n'auront plus à monter au créneau. Depuis la loi Grenelle II de 2010, les hélicoptères d'épandage n'ont officiellement plus droit de cité dans nos campagnes. Oui mais… prudent, le législateur s'est laissé une porte de sortie.

---

1. Entretien avec Jacques Beaufort, 4 juillet 2012.
2. *Ibid.*

LES HÉLICOS DU BON GOÛT

Interdire l'hélicoptère, d'accord. Sauf dérogation. Et voilà, la vie est bien faite pour les petits notables : ces deux dernières années, au vue de l'accumulation vertigineuse d'arrêtés, les préfectures n'ont pas chômé pour que l'hélico puisse continuer à pulvériser à loisir. En 2012, trois communes de l'Aube et cent cinquante-quatre communes de la Marne (sur les six cent trente-cinq que compte l'appellation) ont bénéficié de ce précieux sésame pour épandre des produits toxiques par voie aérienne. Soixante-seize déclarations préalables ont été déposées avant le 1er juillet 2012[1]. En 2013, rebelote sur 350 hectares. En Bourgogne, en 2012, six arrêtés ont été pris portant sur plus d'une centaine de communes dont Pommard, Gevrey-Chambertin, Meursault, Chambolle-Musigny, Chablis, Saint-Aubin... En 2013, près de 400 hectares ont ainsi été traités en Saône-et-Loire, 1 100 en Côte-d'Or[2].

Une clémence surprenante de la part des autorités, surtout quand on sait combien l'efficacité de l'épandage aérien est controversée. Les produits n'atteindraient que très rarement leur cible. Selon une étude conjointe du Centre national du machinisme agricole, du génie rural, des eaux et forêts (Cemagref)[3] et de l'Institut national de recherche agronomique (Inra), les pertes dans l'environnement sont toujours plus

1. Bulletin d'informations phytosanitaires de la direction régionale de l'alimentation, de l'agriculture et de la forêt de Champagne-Ardenne, n° 32, juillet 2012.
2. Thierry Dromard, *Le Journal de Saône-et-Loire*, 10 juin 2013.
3. Devenu l'Institut de recherche en sciences et technologies pour l'environnement et l'agriculture (Irstea).

importantes avec les traitements aériens[1], et en viticulture celles-ci atteindraient les 70 à 95 %[2]... Autant
de molécules qui se retrouvent donc dans l'air que
l'on respire !

Dans les régions comme la Champagne, friande de
ces engins, des scientifiques ont retrouvé dans l'air un
cocktail de produits interdits[3], ainsi que du folpel[4],
un fongicide suspecté de provoquer le cancer[5]. Cette
substance toxique flottait dans l'atmosphère champenoise à des doses significatives[6]. De quoi vous couper définitivement l'envie de respirer. Et encore, les
découvertes de nos chercheurs ont été bridées par
la faiblesse de leurs moyens techniques. Impossible
pour eux de détecter le mancozèbe, un fongicide

---

1. *Pesticides, agriculture et environnement, Réduire l'utilisation des pesticides et en limiter les impacts environnementaux,* Expertise scientifique collective. Rapport de l'expertise réalisée par l'Inra et le Cemagref à la demande du ministère de l'Agriculture et de la Pêche (MAP) et du ministère de l'Écologie et du Développement durable (MEDD), décembre 2005, p. 44.

2. O. Viret, W. Siegfried, E. Holliger, U. Rausigl, « Comparison of spray deposits and efficiency against powdery mildew of aerial and ground-based spraying equipment in viticulture », *Crop protection*, 22 (2003), p. 1023-1032.

3. *Ibid.*, p. 18 : « Parmi les substances actives interdites, le lindane est retrouvé sur l'ensemble des sites. Le parathion méthyl, le tébutame, l'atrazine et le norflurazon ne sont détectés que sur certains sites. »

4. Florence Coignard, Christine Lorente, Département santé environnement, *Exposition aérienne aux pesticides des populations à proximité de zones agricoles. Bilan et perspectives du programme régional intercire,* Institut de veille sanitaire, p. 18.

5. Fiche toxicologique établie par les services techniques et médicaux de l'INRS (Institut national de recherche et de sécurité), avec la participation de l'ANSES, édition 2011.

6. Jusqu'à 1 242 mg/m^3.

très couramment utilisé et suspecté d'être un perturbateur endocrinien, c'est-à-dire de provoquer des
effets néfastes sur le développement du fœtus durant
la grossesse[1]. Une chose est certaine : quand l'hélico
passe, mieux vaut rester chez soi.

Ces engins sont censés respecter une distance de
sécurité de 50 mètres, mais de l'aveu même des chercheurs, cette distance est dérisoire et certainement
pas de nature à protéger les riverains. Et quand
bien même la loi aurait-elle stipulé 100 mètres,
cela resterait largement insuffisant[2]. Le rapport
scientifique de l'Ineris (Institut national de l'environnement industriel et des risques) est en effet
très clair : « Tous scénarios confondus, à 50 mètres,
(…) le risque est acceptable (en regard des valeurs
repères classiquement admises) dans seulement 35
à 50 % des cas selon l'organisme, tandis qu'il l'est
dans seulement 45 à 60 % des cas pour une distance
de 100 mètres. On constate que l'augmentation de
la distance "de sécurité" de 50 à 100 mètres n'est
pas de nature à constituer une protection significa-
tivement plus efficace pour les organismes sauvages
considérés. »

Au vu de ces données, l'interdiction devrait donc
faire l'objet d'un consensus. Pas dans la presse viticole, qui ne cesse de fustiger « les médias qui ne

---

1. *Ibid.*, p. 17 : « Le mancozèbe, très utilisé, n'a pas pu être
recherché pour des raisons de faisabilité analytique. »
2. Comme l'indique un rapport corédigé par l'Afsse et l'Ineris
en 2005 : L'épandage aérien de produits antiparasitaires. Rapport
du groupe de travail institutionnel en charge de la saisine Afsse,
juin 2005, p. 78.

comprennent rien à l'agriculture[1] » et qui se sont
sottement réjouis de l'interdiction de l'hélicoptère.
Pas assez de pesticides autorisés, pas assez de déro-
gations : la complainte des pro-phyto est déchirante !
Dans un éditorial[2] remarqué, Bertrand Collard, le
rédacteur en chef de *La Vigne*, regrette amèrement
que « les produits de traitements, et même le simple
fait de traiter les vignes, [soient] de plus en plus
critiqués. On ne voit plus les services qu'ils rendent,
seulement les problèmes qu'ils posent ». Et *La Vigne*
de se faire l'écho, dans ce même numéro[3], d'un fait
divers révélateur du « mauvais esprit » de l'opinion
publique et des édiles locaux. La revue s'est émue
dans ses colonnes de ce que Claude Paudière, maire
de Saulchery, dans l'Aisne, ait pris le 12 mars 2012
un arrêté interdisant aux viticulteurs de traiter deux
parcelles sises juste à côté de l'école pendant les
heures de classe, soit de 8 h 20 à 11 h 40, puis de
13 h 20 à 16 h 40. Histoire d'éviter que les enfants
soient contaminés. « Un arrêté de bon sens, se jus-
tifie le maire, qui n'aurait jamais été pris si un viticulteur n'avait pas traité avec un canon pendant une
récréation sur une parcelle jouxtant l'école. » Argu-
ment inaudible et « mesure excessive » pour le syndicat des vignerons qui argue « qu'un mur haut de
4 mètres sépare la cour de la parcelle ». Et puis, ima-
ginez que cet arrêté ouvre la porte à des demandes
de riverains qui ne souhaiteraient pas être douchés

---

1. *La Vigne*, n° 243, juin 2012.
2. *Ibid.*
3. *Ibid.*, p. 22.

par une pluie de pesticides lorsqu'ils sortent de chez eux ? Impensable.

À entendre les syndicats, toutes les précautions sont prises pour protéger les riverains. Prenez l'exemple de l'hélicoptère, la mairie doit être informée quarante-huit heures avant traitement[1]. Dans la foulée, un employé municipal affichera l'autorisation de traiter. Ce qui veut dire en clair que si, par hasard, vous avez la chance de passer devant votre mairie ces jours-là, et que, par miracle, votre regard se pose sur l'amas de feuilles vaguement punaisées sur un panneau, vous serez au courant. Allons, ne soyez pas de mauvaise foi, vous ne pourrez pas dire que vous n'avez pas été prévenu ! Et d'ailleurs, comme l'information circule parfaitement, on ne sait comment expliquer que, dans cette jolie commune de l'Aube, une institutrice, en sortie scolaire avec toute sa classe, ait été littéralement « rincée » de pesticides. Ou que cet homme au volant de sa superbe Bentley décapotable ait été pulvérisé. « Y a des jours, on a envie de lancer la pioche contre l'hélico[2], peste ce viticulteur. Ils ne font pas dans la dentelle ; le pilote passe une première fois, il nous fait coucou, et ça veut dire : prends tes cliques et tes claques et déguerpis ! Parce qu'au second passage, tu as plutôt intérêt à ne plus être dans les vignes[3]. » Les viticulteurs bio voient d'ailleurs l'hélicoptère comme une malédiction ; en 2005, dans l'Aube, de nombreux vignerons ont vu leurs raisins déclassés parce qu'ils

---

1. Bulletin phytosanitaire de la direction régionale de l'alimentation, de l'agriculture et de la forêt de Champagne-Ardenne, n° 32.

2. Entretien du 10 juillet 2012.

3. Employé viticole dans l'Aube, entretien du 10 juillet 2012.

avaient été arrosés de produits phytosanitaires. Pas facile de faire du raisin bio sous l'hélico…

Pendant ce temps, une décision importante a été obtenue au pénal. Un certain Francisco Parra, cinquante-sept ans, agriculteur, et son compère Eduardo Pancell, cinquante-quatre ans, pilote d'avion, ont tous deux été condamnés « pour avoir pollué l'environnement[1] ». Ils ont écopé de trois ans de prison avec sursis pour utilisation de pesticides polluants soupçonnés d'avoir provoqué des malformations et des cas de cancer. Sévère. Il est vrai que cette décision émane d'un tribunal… argentin.

---

1. Le Monde.fr avec AFP, 22 août 2012.

18.

Petits arrangements
entre seigneurs...

Loin, très loin de l'Amérique du Sud, à Saint-Émilion, l'ambiance semble meilleure, au moins pour les happy few. Depuis la bénédiction des cloches d'Angélus – offrande céleste à des instances divines si clémentes à l'égard de tous ces grands crus adoubés par le dernier classement –, l'atmosphère est irénique. D'ailleurs, beaucoup des détracteurs de cette drôle de compétition ont crié au miracle. Le vigneron Dominique Techer[1] s'étonne ainsi de « la transmutation du modeste terroir de Château Quinault l'Enclos en grand cru classé ». Un château qui appartenait jusqu'en 2008 à « l'ami » de Robert Parker, Alain Raynaud, avant que ce dernier ne le cède à Bernard Arnault et Albert Frère.

Tous les fins connaisseurs du milieu s'amusent de voir les sables de Saint-Émilion, autant dire les terroirs modestes de l'appellation, élevés au rang de grand cru classé. « Les sept cent cinquante crus de l'appellation peuvent prétendre au classement puisque le

---

1. Dominique Techer, « Intervention divine à Saint-Émilion », vindicateur.fr

terroir n'est plus éliminatoire[1] ! », s'emporte Franck Dubourdieu, ancien négociant de la place de Bordeaux aujourd'hui en guerre contre ce qu'il dénonce être l'invasion du goût mondialisé.

« Nous avons des siècles de viticulture derrière nous, autant dire que toutes les bêtises ont déjà été faites. Ça n'a pourtant pas empêché les instigateurs de ce classement d'en faire d'autres ! », ironise ce vigneron détenteur de l'un des plus prestigieux crus au monde. « Ils ont réécrit l'histoire en classant des terroirs réputés pour faire des vins très médiocres. On a considéré que le terroir était bon parce que l'entraîneur était bon, mais ça, c'est de la piquouse, du dopage », peste ce grand connaisseur. L'homme rit sous cape en constatant qu'à Bordeaux, pays des vins de garde que l'on doit déguster des années plus tard, la grille de notation n'a pris en compte que les dix ou quinze derniers millésimes... « Des grands crus comme Ausone 1999 sont juste à boire maintenant, par contre, les vins modernes, un peu maquillés, tous ceux qui ont triomphé avec ce classement, vieillissent très vite. Il est très rare de voir des vins de plaine [traduire : des terroirs modestes] tenir un demi-siècle. » Et cet expert courroucé de conclure en comparant ce classement à un concours de beauté : « Il y a autant d'écart entre le premier classement et celui d'aujourd'hui qu'entre un concours de Miss des années cinquante et ceux d'aujourd'hui. Les gagnantes sont toutes refaites, siliconées, outrageusement arrangées. Voilà à quoi ressemble la beauté des crus certifiés par l'INAO. »

---

1. « Le classement de Saint-Émilion, le recul du terroir », papier écrit le 29 janvier 2013 et publié dans *Vitisphère*.

« Sauf rares exceptions, cette nouvelle promotion fait la part belle aux puissants, aux investisseurs venus d'ailleurs dans ce paradis de l'or rouge et à tous ceux qui, par tous les moyens, cherchent à plaire à la critique dans les dégustations marathon plutôt qu'à l'amateur de vins fins[1] », regrette Franck Dubourdieu.

Mais ces querelles sur le bon goût dissimulent surtout une affaire de gros sous. Derrière les polémiques voire les invectives lancées contre les libertés prises envers l'histoire et le terroir, se cachent les véritables raisons de cette guerre sans merci. Car en un tour de force magistral, on assiste au plus fabuleux hold-up sur le foncier – c'est une formule, bien sûr ! – que Bordeaux ait jamais connu. Derrière le miracle Quinault l'Enclos et les cris d'orfraie des amateurs de vins qui dénoncent une hérésie gustative, il faut surtout voir une affaire rondement menée par Albert Frère et Bernard Arnault, sur un château qui voit sa valeur marchande s'envoler. Et des Bernard Arnault, il y en a eu un bon nombre lors de la dernière mouture du classement.

« On est passé de 800 hectares de grands crus classés en 1996 (16 % des 5 500 hectares de l'AOC) à 1 300 hectares en 2012 (24 %)[2] », note Franck Dubourdieu. Sachant qu'en passant au statut de grand cru classé, les prix des terres sont multipliés par trois ou quatre, l'opération est rentable... « Il s'est distribué entre 300 et 500 millions d'euros en valorisation foncière[3] »,

---

1 « Le classement de Saint-Émilion », art. cit.
2. *Ibid.*
3. Entretien du 10 janvier 2013.

estime ce fin connaisseur du milieu et propriétaire de l'un des prestigieux châteaux de saint-émilion.

Autant dire que pour les gagnants de cette fantastique loterie, c'est le jackpot. Jean-Luc Thunevin en convient et se réjouit d'ailleurs de voir enfin l'étau de ses dettes se desserrer : « Sur le foncier, on va énormément gagner. Les premiers crus sont à plus de 3 millions d'euros l'hectare[1]. » Quant à Jean-François Quenin, président du syndicat viticole, il parcourt Saint-Émilion en se félicitant que sa propriété vale aujourd'hui en euros ce qu'il a payé hier en francs.

L'excellent Hubert de Boüard ne devrait pas, lui non plus, être perdant puisque, selon le magazine *Challenges*, Angélus aurait vu « la valeur foncière de son vignoble doubler du jour au lendemain, soit une plus-value virtuelle de plus de 200 millions d'euros[2] ».

Et que dire de toutes ces propriétés qui ont eu le droit de fusionner ? Canon, premier grand cru classé B, a ainsi englouti Matras, pourtant simple grand cru classé. Idem pour Trotte Vieille (grand cru classé B), qui fait main basse sur Bergat (simple grand cru classé)… Autant de magnifiques opérations foncières et de miraculeuses élévations de terroirs. « Trotte Vieille manquait de second vin sur le marché[3] » (comprendre de vins moins prestigieux et moins chers qui ne sauraient entrer dans l'assemblage des plus grands crus), aurait expliqué Philippe Castéja, propriétaire de Trotte Vieille et négociant bordelais, au critique Jean-

---

1. Entretien du 23 octobre 2012.
2. Jean-François Arnaud, *Challenges*, 13 juin 2013, n° 349.
3. Jean-Marc Quarin, chronique 154, 1ᵉʳ septembre 2013.

Marc Quarin. Ce dernier ajoute, faussement candide :
« Évidemment, rien n'empêche désormais que toutes
les vignes de l'ex-Bergat rentrent dans l'assemblage de
Trotte Vieille[1]. » Encore une agréable plus-value en
perspective !

Tous s'amusent de l'évolution des mœurs de ce petit
milieu : les grands principes d'hier ont été vite balayés
par les tentations. Et si, dans sa version 1986, le classement avait ainsi éjecté manu militari Beau-Séjour
Bécot pour avoir osé intégrer le Château La Carte
dans son assiette foncière, aujourd'hui, le même a le
droit, sans que cela ne froisse personne, d'engloutir
un autre domaine, La Gomerie, pourtant cru non
classé. « Quel revers de l'histoire ! C'était une autre
époque, une autre économie[2] ! », ironise Quarin.

Car durant des années, et aujourd'hui encore,
Saint-Émilion se targuait de maintenir le classement
des terroirs historiques, quand le Médoc, lui, ne classait que des marques. La rive droite dénonçait donc
cette rive gauche mue par le seul appât du gain qui
avait vu la taille de ses propriétés réputées s'agrandir considérablement au fil du temps, absorbant des
terroirs plus modestes dans le seul but de pouvoir
fournir toujours plus de bouteilles sous la même étiquette « premier ou second cru classé ».

Ce qui se disait autrefois ? Que si la rive gauche était
tentée de brader ses grands principes, jamais, au grand
jamais la rive droite ne se commettrait dans ces dérives.

Il faut croire que le marché a été plus fort que les
bonnes résolutions des Saint-Émilionnais.

---

1. *Ibid.*
2. *Ibid.*

« Ces réalités économiques chatouilleront l'imaginaire du vin de ceux qui croient à de belles histoires où l'on paye cher des valeurs pérennes à l'aspect unique dans lesquelles le terroir, la nature jouent le rôle essentiel[1] », ironise Jean-Marc Quarin.

Si, dans ce classement, des terroirs moyens ont pu accéder aux plus hautes marches du podium grâce à des stratégies commerciales ou des opportunités foncières, de bons terroirs ont en revanche été descendus en flèche. C'est le cas notamment de Croque-Michotte. Pourtant, depuis la terrasse du manoir entouré d'arbres centenaires, on aperçoit Pétrus, LE plus grand pomerol, et Cheval Blanc, l'un des premiers grands crus classés A de saint-émilion. La Dominique (grand cru classé de saint-émilion), Gazin et L'Évangile, deux prestigieux pomerol, sont également à un jet de pierre de Croque-Michotte. Malgré cet illustre voisinage, le terroir de ce château ne vaudrait pas tripette.

« À entendre les membres de la commission, il y aurait un trou noir géologique au milieu de cette zone de vignobles illustrissimes, pile à l'endroit où se trouve Croque-Michotte ; avouons que nous jouons de malchance[2] », ironise Pierre Carle, un protestant droit dans ses bottes, gérant de ce château. Une véritable poisse partagée par ses voisins directs, les Giraud, propriétaires de La Tour du Pin Figeac, autre déclassé. Leur parcelle ne serait pas homogène. Curieusement, la parcelle mitoyenne, vendue en 2007 à Cheval Blanc par la famille Moueix, ne poserait, elle, aucun problème. À tel point, d'ailleurs, que 1,38 hectare aurait

---

1. *Ibid.*
2. Entretien du 18 juin 2013.

été intégré à l'assiette foncière du prestigieux château de Bernard Arnault et d'Albert Frère. Bizarrement, Croque-Michotte et La Tour du Pin Figeac ont tous deux reçu, très régulièrement, des offres de rachat substantielles de la part de leurs prestigieux voisins. Et tous deux les ont toujours refusées... « Il est certain qu'il y a de très gros châteaux parmi mes voisins qui souhaitent s'agrandir », persifle Pierre Carle. Et tout Saint-Émilion bruisse des vues des propriétaires de La Dominique sur le domaine de Croque-Michotte et de Cheval Blanc sur La Tour du Pin Figeac... Bruits de couloirs, vivement démentis par Cheval Blanc.

« Les mecs ont des logiques latifundiaires, ils veulent racheter tout ce qui les entoure. Et pour ce faire, ils ne reculent devant rien. Ils font déclasser les gêneurs qui ne veulent pas leur vendre. Puis viennent les voir quelques mois plus tard, quand ils sont étranglés financièrement, pour leur proposer un petit chèque. Petit, forcément, puisque le terroir est déclassé, et qu'ils n'ont plus le choix : leur terre ne vaut plus rien, leurs vins non plus, et ils sont incapables de rembourser leurs emprunts. Nos néo-féodaux attendent quelque temps, un délai plus ou moins décent, puis réintègrent les parcelles déclassées dans leur assiette foncière avec l'aval de l'Institut national des appellations d'origine qui n'y voit que du feu. Ni vu ni connu, ça fait du premier grand cru classé pour pas cher[1] ! », estime ce vigneron, connaisseur des us et coutumes de la région.

Être déclassé, c'est évidemment la mise à mort financière. Tout d'abord parce que, pour participer aux classements, les viticulteurs se sont tous lourdement

---

1. Entretien du 2 octobre 2012.

endettés. « Les vignerons sont poussés à faire des travaux pharaoniques pour que leur bicoque ait l'air d'un château Renaissance. Car refuser de jouer le jeu, c'est l'assurance d'être déclassé[1] », regrette Dominique Techer. Tous se lancent donc, à leur mesure, dans des investissements colossaux. « On ne parle plus ici de terroir et de vin, mais du falbala qui va autour », rouspète ce vigneron qui se frotte pourtant les mains d'avoir pu racheter à vil prix du matériel de stockage de barriques à Troplong Mondot, un château qui aspirait à asseoir sa position de premier grand cru classé B[2]. « J'ai eu ce matériel neuf au tiers de son prix parce que les propriétaires craignaient que la couleur de ces étagères à barriques ne jure avec le reste du chai et que cette faute de goût ne leur soit fatale pour obtenir le classement. » Tous s'endettent lourdement et pourtant, tous n'obtiendront pas ou ne conserveront pas le précieux sésame. Pour ces déclassés, c'est la double peine : le prix de leur vin comme celui de leur terre s'effondre, et ils doivent tout de même rembourser les emprunts qu'ils ont contractés pour pouvoir concourir.

C'est généralement à ce moment-là que les grands fauves sortent de leur tanière pour leur proposer de discuter entre amis.

––––––––

1. Entretien du 7 août 2012.
2. Troplong Mondot était passé premier grand cru classé lors du classement de 2006. Classement qui a été par la suite cassé en justice. La fronde judiciaire avait été menée par certains châteaux déclassés qui avaient mis en cause sa légitimité. Après moult péripéties judiciaires, le Parlement a fini par trancher par la loi du 12 mai 2009 de simplification et de clarification du droit et d'allégement des procédures, article 65. Les promus ont pu continuer à se prévaloir de leur promotion, et les déchus ne l'ont pas été jusqu'à la mise en place d'un nouveau classement en 2012...

19.

Victimes des pesticides

C'est une jeune femme à la détermination sans faille. Elle s'adresse à vous d'une voix douce et posée. Calme, toujours. Sauf quand elle aborde la question des pesticides. Là, son regard se fait dur. Elle ne perd jamais son sang-froid mais se met en position de combat. Comme un boxeur, elle rentre la tête dans les épaules et s'enroule sur elle-même. Prête à frapper.

Ce petit bout de femme, c'est Marie-Lys Bibeyran. Elle travaille à la vigne, comme son père, maître de chai désormais retraité, le faisait. Comme son mari, salarié d'un prestigieux château du Médoc. Et comme son frère, Denis. Le métier coule dans les veines de la famille. Le père a inoculé le virus à toute sa progéniture.

Aujourd'hui, il s'en mord les doigts. Cet amour de la vigne lui a coûté cher. Il lui a pris son fils, décédé à quarante-sept ans d'un cancer foudroyant. Marie-Lys en est certaine, son frère est mort de tous les pesticides qu'il a dû manipuler. « Il se croyait à l'abri en vivant à la campagne ! sourit-elle. Il menait une vie saine ; il ne fumait pas, il ne buvait pas. Sa seule faute, c'était son métier de vigneron », s'emporte la jeune femme. Ce dur labeur qui l'a exposé quotidiennement à des molécules dangereuses. « Son boulot, c'était d'effectuer les traitements, il faisait les mélanges, remplissait les cuves, pulvérisait, puis nettoyait le matériel. Et ce pendant près de vingt-cinq ans[1]. »

Dès qu'il s'est su mourant, il a posé la question de l'origine de son cancer aux scientifiques qu'il a pu rencontrer. On lui a répondu qu'il faudrait vingt ans pour savoir avec exactitude ce qui avait provoqué cette pathologie. La maladie devait le rattraper bien avant.

Se savoir condamné ne l'a pas empêché de se battre, bien au contraire. Denis a eu envie de comprendre ce qui l'avait empoisonné. Pourtant, autour de lui, l'omertà est de mise. Son entourage, ses amis viticulteurs n'aiment pas sa détermination. Dans ce petit milieu agricole, on est taiseux, et surtout, on accepte la souffrance sans mot dire. Comme une malédiction. « Quand vous avez un cancer, des amis il ne vous en reste plus beaucoup, mais quand vous êtes en plus salarié agricole et que vous osez poser des questions gênantes, vous n'en avez plus du tout[2] », lâche Marie-Lys, d'une voix étranglée par la douleur.

La maladie n'aura pas laissé le temps à Denis de mener son combat à son terme. Sur son lit de mort, sa sœur se fait le serment de l'endosser pour lui. Comme un héritage auquel elle se doit. Elle veut que la mort de son frère n'ait pas été vaine. Que les agriculteurs qui, demain, tomberont malades puissent être soute-

---

1. Entretien du 20 juin 2013.
2. *Ibid.*

nus par une législation aujourd'hui défaillante. Car la plupart des cancers issus des pesticides ne sont pas reconnus comme maladie professionnelle. Dans l'attente d'une évolution législative, ses molécules font des ravages dans nos campagnes, sans que les agriculteurs aient le droit d'être reconnus comme victimes des pesticides qu'ils épandent.

Pour que le cancer de son frère soit considéré comme maladie professionnelle, Marie-Lys multiplie, sans relâche, les procédures.

Elle appelle la Mutualité sociale agricole de Gironde, la sécurité sociale des paysans. Ses interlocuteurs se montrent suspicieux. « Ils me disaient : "Pourquoi voulez-vous faire ça ? À quoi ça vous servira ? Vous voulez de l'argent, c'est ça ?" J'étais forcément vénale... J'avais un mal fou à obtenir les renseignements, les explications pour savoir comment obtenir les pièces justificatives. Il faut vraiment s'entêter pour ne pas laisser tomber[1] », regrette la jeune femme.

Mais, pugnace, Marie-Lys l'est. Elle lève tous ces obstacles et décide de demander à l'employeur de son frère la liste des molécules auxquelles il a été confronté pendant les vingt-quatre années durant lesquelles il a travaillé sur ce domaine.

Elle obtient rendez-vous. Le vigneron qui a salarié son frère des années durant se montre sur la défensive. Il lui fournit, de mauvaise grâce, un listing des produits auxquels Denis a été exposé durant les sept dernières années de son travail. Pas plus. Le reste s'est perdu. Soudain véhément, il la menace à mots couverts : « Réfléchis bien avant de te lancer là-dedans.

---

1. *Ibid.*

N'entache pas ma réputation, tu pourrais le regretter[1]. » Là encore, on lui demande si elle cherche de l'argent. Elle sort de cet entretien, effondrée. Comme si près d'un quart de siècle de vie en commun, de dur labeur avait été rayé d'un trait de plume.

« On ne parle pas d'une année ou deux de travail, mais de vingt-quatre ans, passés côte à côte. De liens que mon frère pensait presque amicaux avec ses patrons. Et tout d'un coup, vous avez l'impression qu'il n'y a plus rien. Qu'il n'y a qu'un intérêt pécuniaire, la peur de perdre de l'argent et sa sacro-sainte réputation[2]. »

Un comportement qui ne fait que renforcer la détermination de cette femme intrépide. Ce qu'elle n'avait pas prévu, cependant, c'est que ces gens-là allaient s'en prendre non pas à elle, trop coriace, mais à la veuve de son frère et à son propre père... « Je pensais que je serais la cible. Je n'ai jamais même imaginé qu'on pourrait s'en prendre à mon père. Un vieil homme qui venait d'enterrer son fils[3]. »

Au père, on dit que si sa fille persiste, il n'aura plus d'amis. À la belle-sœur, on raconte qu'elle est folle et qu'elle a l'intention de faire exhumer le corps de son mari. Les deux accusent le coup, mais restent derrière Marie-Lys.

La jeune femme comprend qu'il faut sortir de son histoire personnelle et aider les autres familles endeuillées à cause des pesticides. Elle veut leur fournir les preuves de leur empoisonnement. Et des armes

---

1. *Ibid.*
2. *Ibid.*
3. *Ibid.*

pour se battre. Elle a ainsi l'idée de faire analyser les cheveux des vignerons, ainsi que ceux des riverains des parcelles traitées. Elle souhaite connaître l'imprégnation en pesticides de ces simples voisins qui ne font que vivre à côté des châteaux mais qui en subissent les dommages collatéraux.

Pour financer cette recherche, elle s'associe à Générations Futures, une association de lutte contre les pesticides. Le laboratoire Kudzu Science va analyser les cheveux de quinze salariés agricoles ainsi que ceux de cinq riverains, et de cinq « témoins » vivant loin des vignes. « J'ai mené l'enquête là où je vis, là où je travaille et là où mon frère travaillait, à Listrac, dans le Médoc, explique Marie-Lys. Et puis, dans cette commune, il y a tous les types de viticulture : une coopérative importante, des petits propriétaires mais aussi de grands châteaux. Je ne voulais pas que seuls soient épinglés un ou deux châteaux très connus [Listrac Médoc abrite notamment Clarke, domaine acquis en 1973 par le baron Edmond de Rothschild]. J'ai essayé de toucher tous les types de propriétés de la commune, toutes les tranches d'âge. Je voulais que ce soit le plus représentatif possible[1]. »

Marie-Lys anticipe la critique. « Bien entendu, ce n'est pas un très large échantillon, mais il faut savoir que chaque analyse a coûté près de 300 euros. » Un budget conséquent pour une femme simple aux revenus limités mais en quête de vérité. « Rien n'empêche désormais les agences sanitaires de lancer une recherche à plus grande échelle », ajoute Marie-Lys avec malice. Car les résultats de cette micro-étude

---

1. *Ibid.*

sont sans appel. Alors même que les « cobayes » de l'échantillon ne manipulent pas directement les produits pesticides, le laboratoire a trouvé sur eux onze fois plus de résidus que sur les témoins vivant loin des vignes (6,6 pesticides en moyenne, contre 0,6). Et cinq fois plus de résidus de pesticides chez les riverains que sur les populations habitant loin de ces contrées viticoles (3 résidus de pesticides en moyenne trouvés chez les premiers, contre 0,6 pour les seconds).

Sur les cheveux de quatre des quinze vignerons, le laboratoire a trouvé dix pesticides différents. Ce triste record est détenu par les salariés provenant des grands châteaux du Médoc... « Je ne comprends pas leur stratégie, s'attriste Marie-Lys. Ces gens-là ont une image à défendre, comment peuvent-ils prendre le risque d'avoir un salarié malade ? C'est à croire que pour ces personnes, une vie humaine est moins importante qu'un cep de vigne. » Son enquête a d'ailleurs beaucoup déplu à ces grands noms qui ont pris en fort mauvaise part d'être cités dans la presse. L'un de ses proches, employé d'un grand domaine, a d'ailleurs été menacé, à mots à peine couverts, de licenciement.

Il faut dire que ces résultats font mauvais genre dans l'une des régions les plus prestigieuses du Bordelais. L'analyse a mis au jour sur l'un des salariés un produit interdit, le diuron. Plus de 45 % des molécules retrouvées sont classées cancérigènes possibles en Europe ou aux États-Unis. Et 36 % sont suspectées d'être des perturbateurs endocriniens.

Les premiers surpris par ces résultats ont été les employés eux-mêmes. « Au début, ils ont participé sans grande conviction, surtout pour me faire plaisir. Mais quand ils ont vu leur fiche de résultats, ils se sont rendu compte que c'était vrai. Qu'ils prenaient quotidiennement des risques pour leur santé en allant embaucher[1]. »

Marie-Lys regarde la pluie tomber sur les carreaux de son appartement. Il faut voir le lobbying que les vendeurs de pesticides font en ce moment sur les domaines. Ils sont omniprésents sur les propriétés. Cette année où il n'a cessé de pleuvoir, ils jouent les Cassandre auprès des vignerons inquiets. « Ils annoncent qu'il y a péril en la demeure. Que la vigne est couverte de maladies. Qu'il faut absolument traiter. Et ils ont toujours sous le coude le produit miracle qui va sauver la récolte de tous les maux[2]. » Elle s'arrête, jette un œil par la fenêtre. « Moi, je les appelle des marchands de mort. Ils sont comme des vautours sur leurs proies[3]. »

Marie-Hélène est une très jolie femme d'une cinquantaine d'années. Elle est l'une des riveraines qui ont accepté de faire analyser leurs cheveux. Elle vit à 150 mètres d'un domaine et ce, depuis vingt-cinq ans. « La vigne est arrivée cinq ans après moi ! précise-t-elle. Je préfère le dire parce que quand je commence à râler contre les pesticides, on me répond toujours : "T'avais qu'à pas t'installer là !" Mais en l'occurrence, j'étais là avant la vigne[4] ! » Et cette dernière de vous narrer son quotidien. « Tous les étés, c'est la même histoire, quand nous sommes à table dehors, c'est à

---

1. *Ibid.*
2. *Ibid.*
3. *Ibid.*
4. *Ibid.*

croire qu'ils le font exprès, les tracteurs arrivent à 13 heures et pulvérisent sans se soucier qu'on soit à l'abri ou non. Alors on attrape vite les plateaux et on rentre en quatrième vitesse[1]. » Mais ces petits désagréments qui pourraient relever des vicissitudes habituelles du voisinage prennent une autre dimension quand cette femme calme vous explique l'angoisse qui la prend au ventre. « Au début, on n'y fait pas tellement attention. Mais avec le temps, je me dis, mon Dieu, tous ces produits… Puis toutes ces plantes qui crèvent dans mon jardin[2]. »

Elle décide donc de participer à cette enquête. Et de révéler son identité aux médias. Pas facile quand on est, comme elle, la boulangère de Listrac. Certains, d'ailleurs, ont déserté son commerce du jour au lendemain. Mais Marie-Hélène ne regrette pas son geste. Maintenant, elle sait. Elle a trois pesticides dans les cheveux, deux perturbateurs endocriniens et un cancérigène. Il existe des risques, à l'évidence, même s'ils restent difficiles à évaluer.

Marie-Hélène est inquiète non seulement pour elle mais aussi pour les siens. Sa fille vient de faire une fausse couche. Elle s'interroge, comme toute mère le ferait : serait-ce lié ? Cela paraît incertain dans ce cas précis, mais comment en être sûr quand les autorités sanitaires semblent paralysées par l'inertie ou la peur ? Mais de quoi ? En attendant, rongée par la culpabilité d'avoir élevé ses enfants dans un univers qui pourrait s'avérer dangereux, Marie-Hélène ressasse.

---

1. *Ibid.*
2. *Ibid.*

Ce jour-là à Listrac, il pleut par intermittence et le vent souffle par rafales. C'est le jour de la fête de la Fleur. Et pendant qu'on monte des barnums fastueux au Château Lagrange et qu'on attend des stars éblouissantes venues parer de leur aura et de leur prestige la cause viticole, à Listrac, on traite la vigne.

Depuis l'arrêté du 12 septembre 2006, on ne doit pas épandre de pesticides quand les vents dépassent les 19 km/h. Ce jour-là, il a atteint 55 km/h.

Marie-Lys interpelle un homme en train de pulvériser des produits. Il descend de son tracteur, menaçant, lui explique qu'il met des engrais, qu'il n'est pas question de pesticides.

Elle se tourne vers moi, goguenarde : « J'ai une grande nouvelle pour vous. Les viticulteurs de Listrac n'utilisent plus du tout de pesticides. C'est simple, ils sont tous passés en bio ! Car ces derniers jours où je les ai vus traiter massivement, ils m'ont tous sans exception répondu qu'ils mettaient de l'engrais[1] ! » Elle ne se démonte pas et le regarde droit dans les yeux. Ivre de rage, il remonte sur son tracteur.

« Ils nous prennent vraiment pour des cons[2] », s'emporte cette guerrière des vignes.

Pour combien de temps encore ?

---

1. Entretien du 20 juin 2013.
2. *Ibid.*

20.

Celui qui a dit non

Il a la rigueur du protestant et la mise un peu désuète de toutes ces grandes familles désargentées dont on sent qu'elles n'ont plus tout à fait les moyens de leur héritage. Et si le Château Croque-Michotte a gardé son élégance bourgeoise, les parquets gondolés et les infiltrations d'eau trahissent un cruel manque de moyens. Cette belle bâtisse au charme suranné est en effet à mille lieues des palais rénovés à coups de millions d'euros de tous ces nouveaux riches qui ont envahi les vignobles. On est ici dans une propriété familiale que son actuel gérant, Pierre Carle, arrière-petit-fils de Samuel Geoffrion qui en fit l'acquisition en 1906, est bien décidé à continuer à faire vivre.

Oui mais voilà, les prédateurs du royaume enchanté en ont décidé autrement. Et Pierre Carle a bien du mal à faire tourner sa petite entreprise depuis que son château a été, de l'avis général, injustement déclassé. Il aurait pu en rester là. S'apitoyer sur son sort. Ou, mieux encore, faire allégeance aux petits barons locaux. Beaucoup d'autres avant lui l'ont précédé dans cette voie. Mais courber l'échine n'est pas le genre de la maison. Voilà un homme de fer qui entend résister. Avec lui, les prédateurs sont tombés sur un os.

Tout a commencé en 2006. Une date qui sonne comme le tocsin de la respectabilité du classement de Saint-Émilion. Non que ce rituel n'ait jamais été contesté par le passé : il le fut à chacune de ses nouvelles moutures. Mais avant cette date fatidique, tout se réglait le plus souvent « entre amis ». Jusque-là, « on » (comprendre le syndicat viticole) trouvait des arrangements et « on » faisait gentiment saisir aux déclassés qu'ils n'avaient aucun intérêt à trop monter au front. Mais en 2006, la petite bande s'est retrouvée face à ce protestant incorruptible qui refuse de se coucher. Un homme sur lequel le microcosme local n'a jamais eu de prise puisqu'il ne vient pas de Saint-Émilion et n'aspire pas à faire partie de ses coteries. « Il ne dégage pas les bonnes phéromones pour intégrer le milieu, mais, contrairement à tous les autres, lui s'en fout[1] ! », s'amuse Dominique Techer, vigneron à l'ancienne, gentiment anar, sis sur les terres prestigieuses du plateau de Pomerol.

Pierre Carle voit d'ailleurs d'un très mauvais œil tous ces parvenus, tous ces riches industriels qui se sont installés à Saint-Émilion pour faire des affaires. Il défend corps et âme cette terre bordelaise qui ne l'a pourtant jamais bien accueilli. « À Saint-Émilion, il faut être bien né ou vouloir faire du fric, l'homme ne rentre dans aucune de ces deux catégories[2] », sourit notre vigneron observateur. L'intéressé le reconnaît aisément : « On a un vignoble près de Bergerac, on a

---

1. Entretien du 16 juillet 2012.
2. *Ibid.*

vu la différence de mentalité. Ici, il n'y a pas moyen de rentrer dans le conseil de Saint-Émilion (le syndicat viticole). Tout est cadenassé par quelques cumulards[1]. »

Voilà donc que ce personnage incontrôlable décide en 2006 de partir en guerre contre le déclassement de Croque-Michotte[2]. Et qu'il remporte la partie ! C'est dire si l'homme est pugnace. Saint-Émilion a la gueule de bois de voir son beau classement déclassé pour cause de critères ineptes ! Dans le petit monde du vin, cette affaire a fait mauvais genre. Et les promus de 2006, qui avaient tous engagé d'importants moyens financiers pour obtenir ce divin sésame, l'avaient plutôt mauvaise de ne pouvoir se prévaloir de leur classement. L'affaire a donc connu des rebondissements judiciaires rocambolesques.

Premier acte : l'INAO, peu regardant sur des critères qu'il est pourtant censé avoir vérifiés, publie donc le classement qui est, dans la foulée, validé par décret interministériel et signé de la main du ministre de l'Agriculture de l'époque, Dominique Bussereau, le 12 décembre 2006.

Deuxième acte : annulation du classement par le tribunal de Bordeaux, le 1er juillet 2008, déjugeant à la fois le ministre et l'INAO. Ce jugement, passé inaperçu à l'époque dans les médias, a sonné comme un coup de tonnerre en république de Saint-Émilion

---

1. Entretien du 19 septembre 2012.
2. Croque-Michotte fut déclassé en 1996, mais, comme Pierre Carle venait de reprendre la gérance du château, il n'avait pas osé, à l'époque, contester ce jugement. Il a donc tout fait pour reconquérir son rang en 2006.

où ces affaires ne se règlent habituellement pas en plein jour.

Si le classement n'existe plus... les promus ne le sont plus. Ivres de rage, les huit promus/déchus[1] décident de jouer le troisième acte de cette tragi-comédie et multiplient les actions en justice, qu'ils perdent toutes[2]. Les magistrats se montrent insensibles à la souffrance de tous les grands noms du Bordelais ! Ceux-ci se pourvoient alors en cassation auprès du Conseil d'État.

Étrangement, le Conseil des vins de Saint-Émilion, donc le syndicat viticole censé représenter tous les vignerons de l'appellation, se joint à l'action. « Autant dire que ces personnes, dont le devoir est de nous représenter tous sans distinction, ont décidé d'aller en justice avec quelques vignerons, contre d'autres vignerons, aux frais de tous les vignerons[3] », ironise Pierre Carle. C'est en effet surprenant, et c'est un euphémisme. Ultime rebondissement : le 29 novembre

---

1. Château Troplong Mondot ; Château Bellefont-Belcier ; Château Destieux ; Château Fleur Cardinale ; Château Grand-Corbin ; Château Grand-Corbin-Despagne ; Château Pavie-Macquin ; Château Monbousquet.

2. Saisi de plusieurs tierces oppositions des exploitations qui figuraient au classement homologué par l'arrêté du 12 décembre 2006, le tribunal administratif de Bordeaux a confirmé sa position par un jugement du 28 octobre 2008. Le 12 mars 2009, la cour d'appel administrative de Bordeaux a confirmé le jugement du tribunal administratif de Bordeaux du 1er juillet 2008 qui annulait le classement des vins de Saint-Émilion de 2006 et le jugement du tribunal administratif de Bordeaux du 28 octobre 2008 qui rejetait les tierces oppositions de plusieurs exploitations qui contestaient le jugement du 1er juillet 2008.

3. Entretien du 19 septembre 2012.

2011, soit la veille de la séance au Conseil d'État, le Conseil des vins de Saint-Émilion et six des déchus jettent l'éponge et se désistent. Deux entêtés[1] persistent et sont définitivement déboutés par le Conseil d'État le vendredi 23 décembre 2011. Une date historique pour le royaume enchanté.

Fin de la session juridique et ouverture d'un quatrième acte, politique cette fois. Le classement, c'est de l'argent, et ne plus en être représente un terrible manque à gagner. Impensable donc de ne pas rétablir un semblant de hiérarchie en repêchant les déchus et en intégrant les promus. Le Conseil des vins de Saint-Émilion a le bras long. Il va chercher l'appui de deux parlementaires girondins, le sénateur Gérard César et le député Jean-Paul Garraud (battu aux élections législatives de 2012). Deux élus qui ont su payer de leur personne puisqu'ils sont parvenus à sauver si ce n'est l'honneur de Saint-Émilion, tout au moins les meubles du classement grâce à deux cavaliers (des amendements glissés subrepticement dans des projets de loi avec lesquels ils n'ont strictement rien à voir). Et c'est l'heureux dénouement de cette pièce de boulevard. Grâce au premier cavalier glissé à l'article 106 de la loi de modernisation de l'économie[2] du 4 août 2008, les déchus de 2006 ont obtenu le droit de conserver leur classement jusqu'en 2009.

Las, les promus, eux, étaient perdants. Les députés sont donc remontés au créneau – une seconde fois ! –

1. Châteaux Troplong Mondot et Destieux.
2. Loi n° 2008-776 du 4 août 2008.

pour obtenir un dernier amendement, glissé celui-là dans la loi[1] du 12 mai 2009. Les huit promus obtinrent ainsi le droit de se prévaloir d'un classement inexistant puisque cassé par les juges, jusqu'en 2011. Un incroyable privilège.

Prudent, le Conseil des vins, qui n'était pas tout à fait certain de l'issue de ses nombreuses manœuvres, avait tout de même lancé discrètement avec l'INAO un nouveau classement. Nouveau classement pour lequel les châteaux candidats avaient déjà versé quelque 618 000 euros pour avoir le privilège d'y participer[2]. 618 000 euros partiellement dépensés en procédures et contre-procédures pour créer les grilles du classement de 2012. 618 000 euros que l'INAO aurait dû rembourser si le Conseil des vins avait obtenu gain de cause auprès du Conseil d'État pour rétablir le classement de 2006... Qu'importe, le contribuable aurait payé pour tous ces caprices.

Autant dire que l'atmosphère était lourde à Saint-Émilion les mois qui ont précédé la publication du classement 2012. Et si, côté cour, la bourgade gardait des semblants de bonne éducation, vantant le classement de l'INAO, garant de la qualité de ses crus, côté coulisses, la guerre faisait rage. Chacun avançait ses pions, et tous entendaient être récompensés à hauteur de leurs espérances. Les déclassés de 2006 souhaitaient être reclassés, les promus espéraient conserver leur promotion, sans compter tous

---

1. Article 65 de la loi de simplification et de clarification du droit et d'allégement des procédures, n° 2009-526.
2. Soixante-huit candidatures à 6 000 euros et vingt-huit candidatures à 7 500 euros, soit un total de 618 000 euros.

les déçus qui étaient bien décidés à ne pas laisser passer une fois encore leur chance.

Il faut croire que Pierre Carle, bien qu'il ait réussi à exécuter proprement le classement de 2006, n'a pas su user des bons arguments pour impressionner la commission de l'INAO version 2012. Fâcheuse coïncidence, le voilà une nouvelle fois déclassé ! Persuadés qu'il n'oserait pas s'élever une seconde fois contre eux, les potentats locaux n'ont eu aucun scrupule à l'exclure. Il fallait punir ce rebelle obstiné. Mieux, ils ont fait pression sur lui pour lui faire passer l'envie d'attaquer. « On nous a mis en garde : "Celui qui contestera le classement sera mis au ban, ostracisé" », se remémore ce propriétaire d'un premier grand cru classé de réputation mondiale. Autant d'effets de manche qui n'ont pas fait reculer Pierre Carle. Bien au contraire. Il s'est penché sur ce nouveau classement et l'a décortiqué jusqu'à mettre au jour un système complètement fou. Et, flanqué de deux autres déclassés, la famille Giraud (La Tour du Pin Figeac) et la famille Boidron (Château Corbin-Michotte), il a décidé d'attaquer doublement le classement. D'abord par une plainte au tribunal administratif. Mais également, cette fois, en portant l'affaire au pénal. Il a ainsi déposé une plainte contre X pour prise illégale d'intérêt. Un X qui ne cache que maladroitement Hubert de Boüard... Ce dernier ne s'y est d'ailleurs pas trompé, qui s'est drapé dans la posture de la victime – nouvelle pour lui –, dénonçant avec véhémence la perfidie de cette épouvantable démarche qui le frappait, lui, l'homme du bien commun qui ne pense qu'à l'avenir de l'appellation...

Comme il ne fallait pas sembler trop s'acharner sur un seul homme, les plaignants ont également ciblé Philippe Castéja[1], négociant et membre, comme Hubert de Boüard, du Comité national de l'INAO. Et comme son compère, Castéja a lui aussi tiré parti de ce classement en absorbant, dans le foncier de son premier grand cru classé, le terroir d'une autre de ses propriétés, moins prestigieuse.

Pour nourrir leur plainte, les opposants ont notamment mis en avant la présence des deux hommes à certaines réunions cruciales de l'INAO[2] concernant le classement. Et fait constater par huissier de justice que les comptes rendus de ces dites réunions avaient opportunément disparu du site dédié où ils se trouvaient jusque-là... Avant d'y figurer à nouveau ! Ce tour de passe-passe aurait pu faire mauvais genre.

Malgré les pressions, le qu'en dira-t-on et l'opprobre dont ils font l'objet de la part de toute l'appellation qui s'est rangée comme un seul homme derrière Hubert de Boüard, Pierre Carle, ses compagnons dans la procédure et leur avocat, François de Contencin, sont bien décidés à en découdre. « Ils sont très courageux mes clients, je les vois comme les trois mousquetaires[3] », s'émeut François de Contencin. Ils en ont, à n'en pas douter, la bravoure, à laquelle s'ajoute une pincée de folie à la Don Quichotte.

D'ailleurs, bien décidés à ne rien lâcher, quand

---

1. Sollicité par mail du 18 novembre 2013, M. Philippe Castéja n'a pas souhaité répondre.

2. Hubert de Boüard était présent le 16 novembre 2010, le 16 juin 2011 et le 10 avril 2012. Philippe Castéja s'est fait excuser pour la seule réunion du 16 juin 2011.

3. Entretien du 2 mai 2013.

le parquet n'a curieusement pas donné suite à leur affaire, les déclassés l'ont portée devant le doyen des juges d'instruction. Dans le même temps, le camp adverse fourbissait également ses armes et surtout engrangeait les munitions. Dans le compte rendu du conseil d'administration du 21 mai 2013 du Conseil des vins de Saint-Émilion, on apprend que « compte tenu de l'intérêt collectif que représente le classement pour l'ensemble des vins de Saint-Émilion, le conseil d'administration a confirmé la nécessité d'en assurer la défense ».

Et ce dernier de budgéter cette fameuse défense pour la bagatelle de 60 000 euros. « Le montant provisionné dans le cadre du budget était de 45 000 euros correspondant aux honoraires du cabinet qui nous accompagne en défense du classement. Il apparaît que les moyens soulevés par les requérants sont relativement nombreux et nécessitent une analyse complémentaire approfondie. En conséquence, nous soumettons au conseil d'administration le vote d'une enveloppe de 15 000 euros complémentaires afin de poursuivre dans la défense aux côtés du ministère[1]. »

Devant la possibilité d'un nouveau désaveu au terme de cette guerre féroce, certains viticulteurs se sont montrés plus compréhensifs envers les déclassés, envisageant même de les réintégrer ni vu ni connu, contre l'abandon de leur procédure. Une proposition accueillie fraîchement par le président du syndicat en place, Jean-François Quenin, qui, drapé dans sa vertu, a rétorqué que « le Conseil des vins n'a aucun pou-

---

1. Compte rendu du conseil d'administration du 21 mai 2013 du Conseil des vins de Saint-Émilion.

voir dans cette procédure externalisée et entièrement prise en charge par le ministère de l'Agriculture et l'INAO ». Bref, le syndicat n'a jamais rien eu à voir avec ce classement et n'aura jamais, au grand jamais rien à voir avec...

C'est d'ailleurs pour cela que le syndicat[1] a provisionné 45 000 euros pour le défendre et que les notables locaux se sont constitués « en défense du classement, aux côtés du ministère[2] ». Le village gaulois est toujours bien vivant !

Les âmes moqueuses relèveront au détour de ce compte rendu une petite phrase qui prête à sourire. Il y est, une fois encore, question du parrain de ce merveilleux classement. « Concernant la présidence des sections, le président fait état du souhait d'Hubert de Boüard de prendre un peu de recul et de se retirer de la présidence de la section Saint-Émilion et Saint-Émilion Grand Cru[3]. » Le grand homme souhaite ainsi s'éloigner un peu de son syndicat pour

---

1. Interrogé sur cette question, son président, Jean-François Quenin, nous a répondu par mail du 17 novembre 2013 : « Le classement de Saint-Émilion est, avant tout, un bien collectif. Il permet notamment :
– de proposer une segmentation des crus et donc d'informer le consommateur,
– de promouvoir les appellations Saint-Émilion (le classement est un signe qualitatif),
– d'encourager les propriétés qui souhaitent se présenter au classement à la recherche de l'excellence.
Il est donc logique que le Conseil des vins le défende (en soutien au ministère et à l'INAO). »
2. Compte rendu du conseil d'administration du 21 mai 2013 du Conseil des vins de Saint-Émilion.
3. *Ibid.*

faire taire les mauvaises langues et les esprits frondeurs… Mieux vaut tard que jamais.

Autant dire que tout ce petit monde se tient par la barbichette pour soutenir, coûte que coûte, le précieux classement.

L'avocat des déclassés n'en démord pas : « Il en restera quelque chose, de cette histoire. Ce classement est un véritable scandale, il n'est pas acceptable que les lauréats fassent partie des instances nationales de l'INAO ! Ce qui est visé, ce ne sont pas des personnes mais le mode opératoire d'un organisme public[1]. »

Au-delà de ce conflit qui a tout d'un remake de *Clochemerle,* c'est en réalité toute l'organisation d'une profession – et du rôle trouble de l'INAO – qui est mise en accusation.

Prétendument au service des consommateurs, ce bel organisme fonctionne de façon ahurissante et s'engage dans des combats de chapelle qui n'ont rien à voir avec ce que devrait être le service public. Mais dans cette région survoltée par l'argent et les haines recuites, qui y pense encore ?

---

1. Entretien du 18 juin 2013 avec François de Contencin.

21.

Un tout petit chez les très grands

C'est une histoire digne des plus jolies fables. Celle d'une envieuse petite grenouille qui voulait se faire aussi grosse que le bœuf. Sans relâche, elle « s'étend, et s'enfle, et se travaille, pour égaler l'animal en grosseur »… Au point d'en crever.

« Le monde est plein de gens qui ne sont pas plus sages :
Tout bourgeois veut bâtir comme les grands seigneurs,
Tout petit prince a des ambassadeurs,
Tout marquis veut avoir des pages. »

Jean de La Fontaine aurait pu ajouter : tout second cru veut passer premier.
Et si l'inévitable Hubert de Boüard de Laforest est perçu par les sans-grade comme le grand manitou des réseaux, il est plaisant de constater que, pour les premiers grands crus historiques, il ne sera jamais qu'un vilain petit canard ; un manant qui n'a pas su rester à sa place ; un parvenu qu'il faut corriger pour avoir osé s'élever aussi haut dans la hiérarchie du royaume.

Hubert en est d'ailleurs conscient qui vitupère, à bas bruit, contre ces domaines qui, au sommet depuis des lustres, ne veulent ni de lui ni de « l'épicier », Gérard Perse, le patron de Pavie qui a fait fortune dans la grande distribution en montant un à un les barreaux de l'échelle sociale. « Le monde du vin n'a rien à envier aux autres petites sociétés fermées. Quand la table est belle et que vous êtes cinq ou six convives réunis, en général, les gens n'aiment pas voir arriver un septième invité[1] », se désole Hubert, soudain redevenu tout petit au milieu des seigneurs.

Peu partageurs, ces premiers grands crus historiques verraient d'un très mauvais œil le débarquement de ces deux nouveaux venus ? Mais si Gérard Perse suscite encore plus de mépris qu'Hubert (Pensez ! Un ancien peintre en bâtiment pas même bordelais !), c'est son flamboyant compère qui cristallise toutes les haines. Hubert le superactif. Hubert qui est toujours partout. Hubert qui a su tisser son réseau et que les nantis n'ont pas vu venir.

Le Sarkozy des vignes en quelque sorte. Mal-aimé mais omniprésent et efficace, tout au moins pour défendre ses intérêts – pourquoi pas d'ailleurs ? – et promouvoir les siens.

Le système est sous une pression énorme, pour ne pas dire au bord de l'implosion.

Aussi, quand Pierre Carle a voulu attaquer le classement, il a trouvé des oreilles compatissantes chez l'un des grands crus historiques de la région sis en sa colline de Saint-Émilion. Cet homme rude et d'une droiture extrême, qui a dû batailler ferme pour main-

---

1. Entretien du 13 mai 2013.

tenir son cru dans le giron familial et l'élever au rang auquel il est aujourd'hui, a décidé de briser la loi du silence, au risque de se mettre à dos les nouveaux promus de l'appellation. À la place qu'il occupe, toutes ses prises de position sont scrutées à la loupe. Aussi, l'homme ne peut prendre le risque de parler à visage découvert. S'il le faisait, tout l'édifice s'effondrerait et, avec lui, sombreraient bon nombre de petits vignerons qui n'ont que le classement pour se faire un nom. Il agit donc, mais dans l'ombre. Il aide les déclassés, épluchant sans relâche les règlements et débusquant jour après jour de nouveaux vices de procédure.

Peiné de voir Angélus et Pavie, des crus qu'il ne considère pas à la hauteur, accéder à l'olympe viticole, il a même tenté un recours auprès de l'INAO : créer une marche supérieure, un A+ en quelque sorte, pour Ausone et Cheval Blanc. L'INAO, tout à sa proximité avec Hubert de Boüard et consciente du ridicule de la situation, a bien entendu refusé toute évolution. Impossible, sans reconnaître la nullité de ce classement, de créer un autre paradis dont seraient bannis les deux nouveaux venus...

Puisque l'INAO ne permettait pas à ce membre historique de la confrérie des A d'infliger à son adversaire le camouflet qu'il aurait selon lui mérité, il met toute son énergie à l'empêcher d'accéder au petit club très privé des premiers grands crus classés. « Il a peut-être le classement, mais il n'a certainement pas le statut », lâche-t-il dans un souffle...

La dernière avanie en date qu'a dû subir Hubert ? Ne pas être accepté dans le très sélect G9, un petit cénacle qui regroupe les cinq premiers du Médoc :

Château Lafite-Rothschild, Château Latour, Château Margaux, Château Mouton-Rothschild, Château Haut-Brion, ainsi que les trois icônes de la rive droite : Pétrus, Ausone et Cheval Blanc, et, bien sûr, le Château d'Yquem, plus récemment coopté.

« Ce G9 existe depuis toujours, c'est un groupement informel, pour partager tout ce qui intéresse leurs crus, leurs statuts, les techniques, la biodynamie. Ils s'étalonnent entre eux. Ce club marche très bien et une chose est claire : ils ne veulent ni d'Angélus ni de Pavie ! », constate un fin connaisseur du milieu bordelais.

La victime l'a d'ailleurs en travers de la gorge. Elle raconte à qui veut l'entendre que Frédéric Engerer, le directeur général de Latour, lui aurait proposé de faire partie de ce petit groupe, mais que… tous les autres, vent debout, auraient voté contre sa candidature. « Je n'ai aucun souvenir de ce vote ni de cette réunion », glisse, soudain amnésique, l'un des premiers grands crus classés de Saint-Émilion.

Quand on s'enquiert des raisons pour lesquelles ces seigneurs ont laissé les deux impétrants à la porte du sérail, la réponse est tranchante et définitive : « Pour tout vous dire, les deux nouveaux n'ont ni les mêmes problèmes ni les mêmes critères que nous. »

Ce sont surtout les manières d'Hubert le Conquérant qui les froissent. « Ce garçon travaille beaucoup, surtout pour lui, mais… un peu pour les autres aussi, il faut le reconnaître, ajoute avec malice l'un des rois historiques. Le problème, ce sont ses façons de hussard. À peine est-il classé que le lendemain, il exige, il appelle, il trépigne. Il veut tout, tout de suite. Ce côté nouveau riche, c'est moi que v'là, est absolument insupportable. »

S'il veut continuer à s'élever jusqu'au ciel, Hubert devra donc se montrer plus patient envers ses illustres collègues. Il lui manque encore le flegme nécessaire pour supporter les petites avanies auxquelles son rang de nouveau promu l'expose inévitablement.

Lors d'une dégustation, le jeune et fringant directeur technique de Cheval Blanc, Pierre-Olivier Clouet, avait, de façon peut-être un peu maladroite, ou simplement taquine, souligné qu'Angélus était au bas de la colline (comprendre dans des terroirs moins nobles).

Blessé au sang, Hubert avait décroché son téléphone pour hurler sur Pierre Lurton, le patron de ce jeune gaffeur. L'élégant directeur de Cheval Blanc se remémore avec amusement cette petite scène qu'il n'avait pas goûtée. « Je tenais le téléphone à plus de cinquante centimètres pour ne pas avoir le tympan vrillé. Il a hurlé contre mes employés, m'a sommé de les tenir. Je l'ai calmé. Hors de question de rajouter de l'huile sur le feu. Mais j'avais vraiment envie de lui dire : "Hubert, ne t'en déplaise, tu es quand même en bas de la colline[1] !" »

De fait, le marché n'a reconnu ni Angélus ni Pavie comme faisant partie de la cour des grands. « Ils n'ont pas le même statut que nous », tranche l'un des barons historiques. En clair, ce sont des nouveaux riches qui ont vu trop haut. « En 2012, la mise en marché des Ausone 2011 s'est faite à des prix trois à quatre fois supérieurs à ceux d'Angélus. Et il y a encore plus de différence avec Pavie. »

---

1. Entretien du 18 octobre 2013.

« Quand Mouton-Rothschild a été promu, cela faisait quarante ans qu'il vendait plus cher que Lafite », argue ce premier grand cru classé.

Une évocation qui ne manque pas de piquant quand on sait combien le baron Philippe de Rothschild, charismatique propriétaire de Mouton, a dû batailler rude pour imposer que son cru passe de second à premier ! Le combat d'une vie. La devise de ce fameux château n'était-elle pas d'ailleurs un clin d'œil à celle des Rohan[1] : « Premier ne puis, second ne daigne, Mouton suis. » Pourtant, le baron avait toutes les cartes en main : issu d'une très grande famille au réseau pharaonique, il était en outre à l'initiative de nombreuses novations dans le secteur viticole. Dès 1924, il impose la mise en bouteille au château alors que jusque-là le vin était livré en barriques aux négociants. L'idée étant bien entendu de reprendre la main sur son vin et de contrecarrer la toute-puissance du négoce. Il fallait donc accroître les capacités de stockage au château, mais au lieu de faire cela de façon triviale, il comprend, bien avant tout le monde, l'importance du faire savoir et de la communication, et commande son chai à l'architecte Charles Siclis.

Et pour faire parler de soi, quelle meilleure méthode que de s'adjoindre le talent des artistes contemporains pour créer, chaque année, une étiquette mythique à Mouton ? Dès 1924, il fait appel à l'affichiste Jean Carlu. Mais il faudra attendre la victoire de 1945 et le fameux V de Philippe Jullian pour que cet « appel à

---

1. Celle des Rohan était : « Roi ne puis, duc ne daigne, Rohan suis. »

artiste » devienne la marque de fabrique de Mouton. Depuis cette date, le cru s'est vu orné des étiquettes composées par les plus grands : de Jean Cocteau à Braque, de César à Miró, de Chagall à Kandinsky, de Warhol à Soulages, de Niki de Saint-Phalle à Francis Bacon... Jusqu'au prince Charles d'Angleterre ! Tous ces (grands) noms, forcément, font parler et créent le buzz chaque année.

Pourtant, malgré son talent et sa puissance – il est devenu un mastodonte du négoce bordelais –, Rothschild a dû attendre 1973 et les bonnes grâces d'un ministre de l'Agriculture qui devait devenir président, Jacques Chirac, pour que le classement censé immuable du Médoc s'ouvre enfin à lui. Un demi-siècle de réseaux pour atteindre le paradis ! Et changer sa devise : « Premier je suis, second je fus, Mouton ne change. »

Et encore ! Cette promotion ne se fit pas sans soubresauts et déplut à beaucoup : le comte Alexandre de Lur Saluces, alors propriétaire de l'iconique Château d'Yquem, fit appel, en vain, de ce décret signé de la main de Chirac. Déjà les bagarres !

Quelque quarante ans plus tard, Mouton reste encore, aux yeux des seigneurs du lieu, un parvenu qui n'a pas tout à fait sa place à table. « Il y a quelques années, le prince Robert de Luxembourg, à la tête de Haut-Brion, l'un des premiers crus historiques, avait organisé avec le Grand Jury européen une dégustation des premiers grands crus du Médoc, une verticale comme on dit dans le royaume. On y a servi des millésimes fabuleux de ces vins merveilleux, se remémore Jean-Luc Thunevin avec gourmandise. Et quand je me suis étonné que Mouton ne soit pas servi dans cette fantastique dégustation, on m'a simplement répondu un cinglant : "Mais enfin, Mouton n'était pas classé en 1855 !" », se souvient-il, hilare.

« Autant dire que si Angélus et Pavie ont le classement... leur statut de A, ils ne sont pas près de l'avoir[1] ! »

Il leur faudra s'armer de patience et attendre quelques années encore avant de pouvoir espérer de la part de leurs illustres confrères une quelconque reconnaissance. Pierre Lurton, patron de Cheval Blanc, est catégorique : pour les premiers grands crus classés, le plus dur, ce sont les deux cents premières années...

---

1. Entretien du 17 septembre 2013.

22.

Tribulations d'un Bordelais
en Chine

« C'est la cinquième fortune de Chine, il faudrait que vous le receviez... », implore cette jeune négociante bordelaise, pendant la soirée féerique donnée par l'un des innombrables barons de la région – Hubert de Boüard, toujours lui – à l'occasion des primeurs. Ses fameux chais tronconiques inversés sont métamorphosés pour l'occasion en une magnifique discothèque. L'effet est bluffant. Les lumières se reflètent sur les parois des cuves gigantesques comme tombées du plafond.

La jet society bordelaise, ivre d'elle-même, se presse dans ce local baroque pour être au plus près du nouveau détenteur de la première marche du classement. Tous le félicitent. C'est l'homme qu'il faut toucher, approcher, congratuler, remercier. « Si un jour je ne fais plus de vin, fanfaronne-t-il, je ferai une boîte de nuit ici. »

Les invités asiatiques sont eux aussi sous le charme. La jeune négociante revient à la charge. « Je vous les emmènerai demain à Angélus, ce serait bien de leur faire la totale. » Comprendre : une dégustation VIP suivie de la visite du chantier. Le propriétaire n'est manifestement pas ravi de cette perspective mais acquiesce. Il adresse un sourire commercial à ses précieux clients et tourne les talons.

Le lendemain, il sera là, fidèle au poste, pour les accueillir comme il se doit. « Il faut faire avec, ce n'est pas que l'on soit ravi de les recevoir, mais le pouvoir d'achat est là maintenant[1] », convient-il. Alors, il faut bien se plier au jeu. Et enchaîner les longues journées. De surcroît, Hubert est un merveilleux conteur. Il les reçoit dans son autre château, Bellevue. Il en profite pour réécrire l'histoire familiale et expliquer qu'il est né à un jet de pierre de cette si fabuleuse propriété. Narre par le menu sa bataille pour reprendre ce château tombé en d'autres mains, en d'autres temps. À l'entendre, sa vie est un éternel combat dont il sort toujours vainqueur. Les acheteurs sont subjugués. L'homme a de l'aura.

Il les mène ensuite sur le chantier d'Angélus. Petit arrêt devant les carillons et... d'un coup de télécommande magique, l'hymne chinois retentit. Sourire ultra bright du maître des lieux. Les invités sont émus. Et remercient chaleureusement leur hôte avant de partir pour une dégustation privée d'Angélus.

Ils lui ont apporté un présent : un triptyque de peintures traditionnelles en laque. Hubert regarde le cadeau avec dédain. Il l'oubliera d'ailleurs sur le linteau de la cheminée. La jeune négociante qui parle couramment mandarin se charge de la traduction. Ivre de joie, elle annonce à son interlocuteur que ces acheteurs au pouvoir d'achat pharaonique lui proposent de devenir leur consultant pour un projet

---

1. Entretien du 10 avril 2013.

qu'ils souhaitent mener en Chine. Tous les moyens nécessaires seront mis à sa disposition pour monter LE vignoble de l'empire du Milieu.

La jeune négociante ne tient plus en place. Hubert de Boüard, au contraire, semble flegmatique. « C'est fort aimable à eux, mais pour l'instant, je n'ai pas de temps libre[1] », tempère-t-il. Manifestement peu habitués à être ainsi battus froid, ces clients tout-puissants renchérissent. Son prix sera le leur, ils sont prêts à investir des millions... « Oui, oui, fort bien. Je serai libre pour Vinexpo 2014, pas avant. On verra à ce moment-là[2] », balaie-t-il d'un revers de main. La négociante se démène comme une diablesse, annonce qu'elle est prête à partir sur-le-champ, à suivre le chantier, à valider les vignobles sur place. « Très bonne idée, sourit-il, allez-y, les voyages forment la jeunesse[3]. » Quand on s'étonne de son manque d'enthousiasme, il explique : « Avec ce genre de clientèle, c'est toujours la même histoire : c'est tout de suite, maintenant, pour créer quelque chose de fantastique. Si vous leur montrez que vous êtes intéressé, ils vous méprisent, vous utilisent et vous jettent comme un vulgaire Kleenex. Il faut les tenir à bout de fourche, c'est la scule chose qu'ils comprennent. Ils veulent la marque Angélus, c'est ça qu'ils espèrent se payer, eh bien cette marque, elle se mérite, elle se désire[4] », assène-t-il, satisfait. Puis, goguenard, il ajoute : « Je peux vous dire, d'expérience, que l'on a plutôt inté-

---

1. *Ibid.*
2. Entretien du 10 avril 2013.
3. *Ibid.*
4. *Ibid.*

rêt à attendre un an. Parce que j'en ai vu défiler chez moi des cinquièmes fortunes chinoises qui, l'année suivante, étaient en faillite, en dépôt de bilan, ou pire encore, en prison. Il ne faut pas se leurrer, ce sont souvent des brigands[1]. »

Malgré son âpreté et son cynisme, l'eldorado chinois en attire plus d'un. Rothschild, propriétaire de Lafite, s'implante à Shandong ; LVMH, possesseur du mythique Cheval Blanc, à Shangri-La sur les premiers contreforts du Tibet. Il faut dire que le milliard d'habitants et la croissance à deux chiffres de ce pays ont de quoi aiguiser les appétits les plus fous.

D'ailleurs, Michel Rolland est, lui aussi, parti au pays de la Cité interdite. Le groupe Cofco, leader de l'agroalimentaire et plus gros producteur de vin en Chine, est venu débaucher le plus fameux œnologue de Pomerol pour qu'il s'occupe de leur cru, Great Wall (la Grande Muraille) et ses 140 millions de bouteilles produites chaque année. Bien entendu, Michel Rolland ne suit pas toute la gamme mais en cautionne une partie, la plus évoluée. Les étiquettes sont paraphées de son nom. Une signature qui vaut de l'or. Et qui ne nécessite pas un travail ni un engagement trop pesants pour le maître puisque, à l'en croire, il ne se déplace que deux fois par an[2] pour porter en ces contrées lointaines la bonne parole.

Stéphane Derenoncourt est lui aussi parti à la conquête de ce nouveau Far West. Courtisé par un grand groupe spécialisé dans l'immobilier et l'éner-

---

1. *Ibid.*
2. 22 novembre 2012, site Philippe Dova (Aujourd'hui la Chine).

gie, il est censé, lui aussi, créer là-bas le meilleur vin de Chine... Une douce utopie qui avait déjà fait courir avant lui les Rothschild, LVMH, Rolland et tant d'autres... En fait, tous y vont surtout pour les émoluments fabuleux que représente cet eldorado moderne : 150 000 euros annuels en moyenne. Des sommes qui ne se refusent pas, quelles que soient les réticences de ces gentlemen envers ce monde qui leur est étranger.

Il faut dire que la compréhension mutuelle est souvent difficile : les Chinois parlent très mal l'anglais (en tout cas pas mieux que nous) et... nous méconnaissons le mandarin. Souvent, c'est grâce à un intermédiaire que les Bordelais mènent leurs affaires. L'interlocutrice du remuant chti est Djing, une jeune femme d'une quarantaine d'années, mariée à un ingénieur français. Une businesswoman très ambitieuse. Elle travaille dans la finance mais s'est aperçue qu'il y avait des affaires à réaliser en aidant les Français, qui ne comprennent décidément rien à la mentalité chinoise, à s'implanter là-bas. « Quand j'ai vu vos compatriotes perdre une énergie folle et des sommes d'argent considérables chez nous pour n'arriver à rien, j'ai compris qu'il y avait un filon[1] », sourit-elle, un rien carnassière.

Elle est entrée en contact avec Stéphane Derenoncourt grâce à Patrick Baseden, un grand bourgeois qui a d'abord travaillé pour Veuve Clicquot avant de s'en faire remercier prestement à l'arrivée de Bernard Arnault. L'homme s'est alors lancé dans différentes affaires qui ont mis à rude épreuve la fortune de son

---

1. Entretien du 27 avril 2013.

épouse, une aristocrate qui porte un très joli nom. Baseden est donc un homme du réseau bordelais à qui il ne reste que les vestiges d'un carnet d'adresses à vendre.

Il a la morgue et le parler haut des gens qui se savent bien nés. Il ne comprend pas que nos dirigeants ne rétablissent pas sur-le-champ la monarchie et le suffrage censitaire. Pantalon rouge, petit gilet en tweed, foulard qui dépasse légèrement de sa poche, Baseden a le look du parfait gentleman-farmer so british qu'affectionnent les Bordelais, si ce n'est que le sien est entièrement confectionné en Chine, au marché de la contrefaçon de Ya Show. Grandeur et décadence. Sa femme, Corinne, énumère avec désespoir toutes les propriétés sublimes qu'elle a été obligée de céder pour renflouer les dettes de son mari... Délicate, elle a beau dire que c'est elle qui a poussé son mari à venir en Chine pour suivre ses affaires (un obscur bar à vin qui semble faire partie de la longue liste des projets de l'homme d'affaires), elle s'ennuie mortellement à Pékin. Tout lui pose problème, ses courses, le manque de courtoisie des Chinois. À l'écouter, le quotidien sous les cieux asiatiques relève de l'étoffe des héros. Il faut avoir entendu son mari expliquer comment il a dû mimer une vache au supermarché dans le fol espoir d'acheter du lait pour comprendre que la vie de ces deux sexagénaires dans ces contrées lointaines est à mille lieues de l'idéal qu'ils s'en étaient fait. Mais être désargentés en Chine, pour ces gens issus de la haute société, est toujours moins humiliant que de côtoyer tous ceux qui les ont connus du temps de leur splendeur.

Djing regarde ce Français avec mépris. Elle le laisse volontiers parader, exhiber sans cesse son arbre généalogique (ou plutôt celui de son épouse), puis siffle la fin de la récréation. Les Français ne sont là que pour une chose : lui faire atteindre coûte que coûte et au plus vite son objectif : créer d'ici deux ans le meilleur vignoble chinois ! Dans cette quête du Graal, le groupe qui la mandate n'est pas avare de moyens. Il aligne 25 millions d'euros. Mais quand on met autant d'argent sur la table, on a tendance à vouloir défier les lois de la nature. Comment ça, une vigne ça pousse en cinq ans ? Comment ça, une seule vendange par an ? Comment ça, on ne peut pas créer le meilleur vignoble au monde en six mois ? Si cette amazone pouvait accrocher des raisins en plastique pour les visiteurs et importer des vins d'Amérique latine, elle le ferait. D'ailleurs, beaucoup le font. Ils achètent un château à Bordeaux, et une fois l'étiquette acquise, font de la contrefaçon de vin.

Stéphane Derenoncourt est parti en Chine avec deux membres de son équipe. David Picci, un Italien charismatique, véritable magicien des vignes, surnommé Il Dottore, et Romain Bocchio, un trentenaire fougueux qui rêve d'aventures. Flanqué de ces deux acolytes et de son vieil ami bordelais, Derenoncourt se rend au siège social de son nouvel employeur pour faire une dégustation des vins locaux en présence du numéro 2 du groupe. C'est un moyen habile de faire comprendre à ses commanditaires que l'on peut aisément faire mieux du moment que l'on sait investir. Les trois compères pleurent de rire tellement les vins sont abjects et vendus à des sommes indécentes. En Chine, c'est le prix qui fait la qualité. Alors, vendre des vins médiocres à des prix pharaoniques, c'est faire de grands vins. Seuls les bobos locaux – ils existent ! –, plus snobs, plus éduqués refusent cette logique, préférant acheter étranger pour s'assurer de la qualité des produits qu'ils acquièrent. Vins français et lait néo-zélandais sont leur quotidien. Une bonne partie de ces mauvais crus chinois sont déjà conseillés par des œnologues bordelais. Autant d'indices que certains ne sont pas venus en Chine pour faire de la qualité...

Derenoncourt a été approché pour conseiller deux vignobles pour le groupe. Les deux sont situés dans le Xinjiang. Le premier est à Manasi, à deux heures et demie de route d'Ürümqi. On est dans les plaines, les paysans qui travaillent sur ces 40 hectares de parcelles dépendent d'une coopérative. La rencontre commence par une grande réunion. La belle Djing traduit fébrilement ce que lui dicte Romain, le jeune employé de Stéphanc. Elle se sent investie et se félicite de progresser dans sa compréhension du vignoble et des techniques de taille... David, Il Dottore, arpente les vignes et montre, patiemment, un à un, les gestes de la viticulture à ces paysans. Ce jour-là, c'est la taille, et on part de très très loin. Les agriculteurs ont été formés pour produire des raisins en grande quantité (120 hectolitres par hectare, quand les grands crus sont à 35) et doivent aujourd'hui apprendre à faire de la qualité. Pas facile. Il Dottore se désespère d'ailleurs de leur manque d'amour pour les finitions. Le diable se cache toujours dans les détails.

Vu la modestie du terroir, David Picci pense qu'on devrait y faire du blanc. On y fera du rouge. « On est en plaine, c'est limoneux, on ne fera jamais des vins de terroir sur ces parcelles, dit Stéphane Derenoncourt, on peut juste espérer faire moins mauvais que les autres, et ça, ce n'est pas très compliqué. »

Le lendemain, départ pour Tulufan : trois heures et demie de route. L'équipe débarque dans une steppe désertique, balayée par les vents. Cette région ouïghoure à majorité musulmane est plus ou moins indépendante. C'est un autre monde que l'on doit sillonner des heures durant dans des minibus kitsch affrétés pour les touristes.

Lors de ces longues heures de route, Djing disserte sur la Chine, expliquant notamment qu'il faut toujours passer par le gouvernement central, même pour une petite parcelle. « On est obligé de jouer le jeu. En pays ouïghour, il y a trois niveaux de pouvoir. Le pouvoir local, le gouvernement central et l'ancienne armée qui s'est reconvertie en un pseudo-groupe de discussion citoyenne. Les trois niveaux se détestent, se jalousent et il me faut jongler entre eux, sans les froisser, sans commettre d'impairs. Ce sont des heures et des heures de tractations, de dîners, de déjeuners, pour obtenir un tout petit lopin de terre[1]… » Wei, notre fringant businessman de Shanghai, avait lui aussi souligné cette particularité : « En Chine, il faut savoir gérer son "chichi", son relationnel si vous préférez. Tout s'obtient par passe-droit, de la consultation chez le médecin, en passant par l'école pour les enfants, à la parcelle pour les viticulteurs. Il faut donc absolument soigner les officiels et faire suffisamment de "chichi". » Wei l'a d'ailleurs

---

1. *Ibid.*

appris à ses dépens. L'un des petits films qu'il avait créés pour vendre ses vins sur la télévision chinoise a été retoqué par le gouvernement. Il portait sur des bouteilles de châteauneuf-du-pape. « Trop religieux ! », aurait dit le gouvernement, interdisant dans la foulée la promotion de ce vin et la diffusion du film. « "On ne parle pas du pape en Chine !" J'avais insuffisamment soigné mon "chichi"[1] », reconnaît Wei, bon perdant.

Hors de question pour Djing de faire la même erreur. Aussi, quand le bus s'arrête brusquement parce que des berlines garées en travers de la route lui bloquent le passage comme dans un mauvais film mafieux, Djing ne s'y trompe pas. Sous couvert d'un accueil poli, l'intimidation des officiels venus l'attendre est claire. Elle presse l'équipe de descendre du bus et de venir les saluer. Face à Stéphane Derenoncourt et à ses collaborateurs : le chef de la coopérative, madame le Maire de Turpan et quelques autres éminences locales. Djing leur avait donné rendez-vous directement sur la parcelle, quelques kilomètres plus loin, mais ils ont préféré venir au-devant d'elle. « Pour nous montrer qu'ils sont au courant et pour nous mettre la pression : pas question de se rater, on a obtenu cette parcelle parce que le numéro 2 de notre multinationale est très ami avec le gouverneur et que le groupe a de gros intérêts ici, en matière énergétique. Mais la parcelle aurait dû revenir à la coopérative[2]. »

---

1. Entretien du 20 mai 2013.
2. Entretien du 27 avril 2013.

Autant dire que c'est un accueil qui sonne comme une mise en garde.

Désormais accompagné de son escorte d'officiels, Stéphane Derenoncourt se retrouve face à une terre désertique, balayée par les vents. Les vignes sont dans un état déplorable. Elles ne tiennent que parce qu'elles sont extrêmement irriguées et mises sous perfusion d'engrais. Les vins, médiocres, sont « redressés » à grands coups d'acides tartrique ou sulfurique. C'est une viticulture hors sol où les vignes sont matraquées de produits et les vins aussi. Derenoncourt, droit dans ses bottes, refuse d'y faire du vin.

Durant tout le trajet du retour, Djing rumine. Elle pense au PDG du groupe, craignant sans aucun doute sa réaction : l'entreprise a de très gros intérêts en pays ouïghour. Elle espère ne pas les avoir mis en péril avec le refus de cette maudite parcelle.

Elle a raison d'être inquiète : cet échec lui coûtera sa place.

23.

Le jackpot de la Pac

Ah, la gabegie de la Politique agricole commune ! Ne cesse-t-on pas d'épingler ses dérives et ses dévoiements ? Cet argent public parti en fumée pour financer des projets coûteux et souvent polluants ? Ces céréaliers beaucerons qui, des années durant, en ont été les heureux bénéficiaires tout en ayant un niveau de vie à faire pâlir d'envie les éleveurs ?

Mais nos seigneurs viticoles touchent-ils des aides de la Pac ? Le royaume des malins du Sud-Ouest est-il arrivé à aspirer la pompe de l'argent public ?

Et pourquoi non !

De fait, l'étude minutieuse des bénéficiaires de cette manne publique se révèle des plus instructives. On y apprend notamment que les Grands Chais de France, l'un des mastodontes du négoce français avec un chiffre d'affaires de 841 millions d'euros en 2012, a touché 1 341 885,91 euros de subventions entre 2009 et 2010 ; 1 855 016 euros entre 2010 et 2011, et 1 357 455,18 euros entre 2011 et 2012.

Castel Frères, numéro 1 des vins français, propriétaire notamment des cavistes Nicolas, présent sur cinq continents et brassant chaque année quelque

640 millions de bouteilles de vin, a touché, quant à lui, 3 244 578,60 euros entre 2010 et 2011, et 1 620 379,36 euros entre 2011 et 2012.

Et qu'en est-il des organes de lobbying des Bordelais ? L'interprofession des vins de Bordeaux par exemple, ce CIVB qui, de l'avis général, n'a pas fait vœu de pauvreté ? Il a touché la coquette somme de 5 895 609,05 euros entre 2009 et 2010, et de nouveau 6 082 710,84 euros entre 2011 et 2012.

Et ces fameux cercles qui organisent chaque année les primeurs et qui parviennent à attirer dans leur toile les plus grands critiques du monde entier ? Ils reçoivent aussi l'argent de nos impôts ! 1 399 100 euros (2009-2010), puis 1 094 253,20 (2011-2012) pour l'Union des grands crus, l'un des lieux de passage de Robert Parker. Et pour notre dévoué Alain Raynaud et son cercle Rive droite, combien d'argent public ? 368 000 euros sur la période 2011-2012 ! C'est bien rémunérer un cercle très privé d'initiés prospères triés sur le volet...

Et nos nouveaux classés A ? Gérard Perse de Pavie et Hubert de Boüard ? Perse, le self-made-man fortuné, a engrangé l'an passé 211 158,17 euros pour Château Pavie Société agricole, auxquels s'ajoutent 73 200,84 euros au titre d'une autre société exploitante. Rappelons que cet homme de l'année de la *Revue du vin de France* est propriétaire de très nombreuses propriétés dont le très prestigieux Pavie (la bouteille vaut dans les 300 euros), de parts dans le Château Monbousquet, mais également le Relais & Châteaux l'Hostellerie de Plaisance dont les cuisines étaient, jusque très récemment, sous la férule du grand chef Philippe Etchebest.

Quant à Hubert de Boüard, la société civile Château La Fleur Saint-Georges aura touché près d'un million d'euros (969 744,54 euros) entre 2010 et 2011. C'est là-bas qu'il a fait construire ces fameux chais tronconiques inversés. Ceux-là mêmes qui lui avaient coûté, rien qu'en cuverie, la bagatelle de 900 000 euros[1]. Rassurons-nous, son investissement a été bien vite rentabilisé grâce à la générosité de Bruxelles ! Le propriétaire en convient d'ailleurs et se félicite d'« avoir utilisé les fonds européens comme d'autres l'ont fait[2] », ajoutant, comme une mise en garde envers ses camarades : « Je ne suis pas là pour les citer mais il y en a beaucoup d'autres[3]. » Et de conclure, un rien élitiste, que « si on ne donnait ces subventions qu'à ceux qui sont incapables de se développer, ce serait compliqué. Que voulez-vous faire avec les gens qui n'ont pas les moyens[4] ? ».

Réjouissons-nous donc que l'argent public aille aux nantis plutôt qu'aux précaires qui, décidément, ne sauraient pas s'en servir à bon escient !

Mais sur le fond, l'homme a raison quand il dit ne pas être le seul à avoir profité de cette manne : Bruxelles a ainsi versé 297 millions d'euros aux viticulteurs français entre 2009 et 2011 pour que ces derniers puissent s'offrir des cuves dignes de James Bond.

Cet argent a donc été versé à nos riches vignerons pour qu'ils refassent leurs chais, mais aussi pour pro-

---

1. Entretien du 9 avril 2013.
2. Entretien du 13 novembre 2013.
3. *Ibid.*
4. *Ibid.*

mouvoir le Bordelais et soutenir son marché. Comme s'ils en avaient besoin !

On comprend mieux pourquoi nos amis asiatiques, qui essaient vaille que vaille de lancer leur viticulture, se sont à ce point arc-boutés contre les aides aux vignerons français... Souvenez-vous : il a suffi que Bruxelles brandisse la menace d'une taxation des panneaux solaires chinois pour que ces derniers promettent de lancer une enquête sur le dumping dont jouiraient les vins français.

La crise est passée, en attendant la prochaine. Mais les analyses de ce fabuleux acheteur de nos crus qu'est la Chine sont-elles réellement fallacieuses et injustifiées ?

24.

La vérité si j'ai peur,
ou le règne de l'œnologie moderne

« Le monde du vin n'est plus dans l'empirisme ni l'amateurisme. Nous sommes des professionnels. Nous codifions chaque cru, nous dosons toutes les molécules, nous savons tout décrire. Nous avons ainsi une précision chirurgicale dans chaque acte technique. Nous ne sommes plus dans le rêve. Ce temps-là appartient au passé. Nous sommes confrontés à une concurrence mondiale farouche. Nous devons nous battre sur les marchés internationaux. Dans chaque vin que nous vendons, il doit y avoir un marqueur, une trame qui doit se répéter chaque année. C'est ce que l'acheteur veut. On ne peut pas lui vendre des vins à l'opposé d'une année à l'autre. L'œnologie, les développements techniques, les analyses de contaminants nous ont rendus de plus en plus performants pour satisfaire le consommateur. Le monde du vin fait désormais partie de l'agroalimentaire, il fonctionne avec les mêmes règles. Quand vous achetez un yaourt, vous ne voulez pas y trouver une mouche ? Il faut que ce soit nickel, constant. Voilà, le monde du vin, c'est ça aujourd'hui. »

Cet homme volontaire, dont l'accent du Sud-Ouest

adoucit le phrasé presque martial, c'est Jean-Philippe Fort[1], l'un des œnologues-conseils du laboratoire Rolland. Mais alors que son illustre patron est bien plus pragmatique et beaucoup moins convaincu par le génie de la science (lui préférant celui des hommes !), Jean-Philippe Fort croit dur comme fer à toutes les merveilles technologiques qui, selon lui, ont métamorphosé le monde du vin pour enfin le faire basculer dans l'ère rêvée de l'industrie.

Il faut le voir déambuler dans le laboratoire, tout à son aise pour décrire les fabuleuses machines qui l'entourent. Sa préférée ? Une sorte de râpeuse, extracteuse de couleurs, qui permet, grâce à moult analyses, de deviner ce que deviendra le vin dans la cuve. Rien qu'en broyant quelques peaux et autres pépins de raisins, l'expert pourra prédire s'il est face à un futur grand cru ou à un modeste picrate. Aussi fiable que madame Irma ou l'horoscope du vin et… tout aussi coûteux.

Une année comme 2013, où la pourriture gagne les raisins plus vite que les vendangeurs ne les ramassent, les laboratoires d'analyse n'ont pas désempli. Les vignerons s'y sont pressés, portant fébrilement au guichet leurs pochons de raisins à l'apparence décourageante.

« Après, c'est la liberté de chaque viticulteur, tempère Jean-Philippe Fort. On ne les force pas. Comme on ne peut pas forcer quelqu'un à aller faire un check-up ou une analyse de sang. Si le vigneron préfère vivre de façon un peu olé olé et se réfugier dans

---

1. Entretien du 19 juin 2013.

la politique de l'autruche, c'est son choix. Mais ce n'est pas très sérieux[1]. »

Un rien culpabilisant, le discours de la science s'est montré convaincant. Et, les yeux remplis d'angoisse, les viticulteurs sont venus chercher auprès de ces vieilles machines recyclées de l'industrie médicale un peu d'espoir, attendant de l'œnologue, comme ils l'auraient fait d'un messie viticole, un miracle seul capable d'enrayer le désastre.

« C'est facile d'en mettre plein la vue à des ignorants et ça peut rapporter beaucoup d'argent[2] », tempête le consultant Stéphane Derenoncourt qui a fait sa marque de fabrique de se passer, autant que faire se peut, de toute la panoplie œnologique.

Cette année 2013, comme les autres avant, pas de prodige en vue. Les analyses n'étaient là que pour confirmer ce que l'on savait déjà en goûtant les raisins : pas mûrs et déjà pourris pour beaucoup. Mais comme des malades en phase terminale qui se prêteraient à la énième analyse, espérant, contre toute vraisemblance, qu'enfin le corps médical trouve le traitement de la dernière chance, les vignerons venaient soigner leur immense inquiétude dans les labos.

« Cette année, les viticulteurs vont crever, mais les vendeurs de peur vont se faire des couilles en or, s'emporte Dominique Techer, notre paysan de Pomerol. Quand les vignerons vivent mal, le business des petits chimistes se porte à merveille[3] ! »

---

1. Entretien du 3 octobre 2013.
2. *Ibid.*
3. Entretien du 4 octobre 2013.

« C'est sûr que c'est un bon business, s'agace Stéphane Derenoncourt. Soit vous êtes un œnologue technicien, soit vous êtes un cuisinier. Je préfère de loin l'idée d'être un cuisinier[1]. »

Il se remémore avec malice ce jour de 2007, veille de vendanges, où l'un des clients qu'il venait d'accepter l'appelle, totalement paniqué : « Monsieur Derenoncourt, je suis très inquiet, je regarde le chai et il est vide.

– Oui et demain, il y aura des raisins.

– Mais je veux dire, il n'y a pas de produits ? Vous n'allez quand même pas me dire que vous faites du vin seulement avec des raisins ? »

« Il s'est excusé par la suite. Il avait failli ne pas nous engager parce qu'il nous trouvait trop chers, sauf que nous, on ne se fait pas des marges d'enfer sur toute une gamme de produits gadgets et rassurants. J'aime bien l'idée de faire du vin avec des raisins[2] », ajoute-t-il avec malice.

Et ce dernier de constater que dans des années difficiles comme 2013, pour réussir des vins, il fallait être « créatifs. Les vignerons devraient savoir qu'il n'y a rien de magique dans toutes ces merdes, ce n'est que du maquillage, ça ne tiendra pas dans le temps[3] ». Dominique Techer en est convaincu, même s'il reconnaît que, dans les pires années, ces produits ont pu servir de béquille à ceux qui sinon auraient tout perdu. Ce qui lui déplaît, en revanche, c'est que ces artefacts soient devenus la norme et que

---

1. Entretien du 3 octobre 2013.
2. *Ibid.*
3. *Ibid.*

leur usage soit désormais systématique même quand le besoin ne s'en fait pas sentir : « Les œnologues ont réussi à vendre du sable dans le Sahara ; ils nous inondent de produits que nous avons déjà en stock ! Prenons l'exemple des levures industrielles vendues pour lancer la fermentation. Leur usage est absurde puisque nous avons des levures naturelles indigènes sur nos raisins, dans nos chais, bien plus représentatives de notre terroir qu'une quelconque tambouille industrielle ! Pourquoi acheter moins bien, plus standardisé, des choses que l'on a déjà[1] ? » Et ce dernier de fulminer contre la dépossession d'un savoir ancestral. « On les a rendus ignares et maintenant on les pousse à acheter des produits inutiles et chers. Place aux professionnels, dehors les vignerons. Voilà leur philosophie[2] ! », s'emporte notre tête dure.

Dominique Derain, vigneron bourguignon adepte des vins nature, c'est-à-dire n'utilisant aucun produit œnologique, voit lui aussi l'œnologue moderne comme un marchand de peur, à qui l'on a appris tous les risques, tous les défauts du vin, sans jamais lui avoir fait éprouver du plaisir ou de l'émotion. Il partage d'ailleurs avec Stéphane Derenoncourt ce dégoût pour une profession dont tous deux considèrent qu'elle « crache sur des générations de vignerons au nom d'un bout de papier, d'un simple diplôme scientifique[3] ». « Je déteste ces gens qui ne cherchent

---

1. Entretien du 4 octobre 2013.
2. *Ibid.*
3. Entretien du 24 octobre 2013.

même pas à comprendre pourquoi on faisait comme ça avant, explique Dominique Derain. Et qui, péremptoires, nous disent : maintenant on sait comment faire. Il y a une espèce d'arrogance de l'œnologie moderne. Une prétention. Pour moi, c'est presque un gros mot. On dissèque les éléments, on coupe les cellules en quinze, on les compte, on les nomme, on suppose que... Mais c'est comme le mécanicien qui démonte une voiture. Sauf que la voiture, c'est un homme qui l'a construite. Pas la nature[1] ! »

Et ce dernier de pester contre une standardisation du goût qu'il voit comme un comportement social plus global. « Où que vous alliez aujourd'hui, que ce soit à Paris, à New York ou à Tokyo, vous serez logés dans des hôtels identiques. On standardise le goût du vin comme le reste, pour sécuriser, tranquilliser. On va ouvrir une bouteille, on pourrait en ouvrir cent... On n'aura pas de problème. Mais on n'aura pas de plaisir non plus[2]. »

Si les œnologues parlent de faire des vins pour répondre à des marchés, ces vignerons poètes font d'abord des vins qui leur plaisent. « Mon vin n'est pas fait pour satisfaire le goût des clients, il est fait parce qu'il existe par ce millésime, par ce lieu. Pour moi, le vin est un art[3] », s'enflamme Dominique Derain.

Vin d'inspiration contre vin de consommation, comme aime à dire Stéphane Derenoncourt, suscitant ainsi le courroux de tous ses détracteurs.

« Le problème, c'est qu'aujourd'hui, de plus en plus

---

1. Entretien du 21 mai 2013.
2. *Ibid.*
3. *Ibid.*

de ces vins dits nature sont sanctionnés par l'INAO car ils sont considérés comme déviants ; la norme, c'est ceux qui utilisent des produits œnologiques, désormais[1]. »

Ces vins sont ainsi mis au ban de leur appellation, ou « dégradés » en vins de table parce qu'ils ne seraient plus dignes de faire partie de leur terroir. Un paradoxe qui scandalise ceux qui, au contraire, veillent à rester au plus près de la nature. Mais qui ne semble pas émouvoir le patron du Comité des vins de l'INAO, Christian Paly. Pour ce dernier, « l'AOC n'est pas un droit, mais un devoir. Et le premier d'entre eux, c'est le respect des contrôles de production. Si ces vignerons ne sont pas contents, s'ils ne s'éclatent pas dans ce cadre, personne ne les oblige à y rester[2] », conclut-il, martial.

Une inflexibilité que ne comprend pas Geneviève Teil, chercheur à l'INRA, auteur de *Le Vin et l'environnement*[3]. À l'en croire, le mode de fonctionnement actuel de l'INAO est problématique, notamment parce qu'il a fallu que l'administration montre patte blanche face à l'Organisation mondiale du commerce qui la sommait de démontrer que les appellations d'origine répondaient à une qualité objective. « L'INAO a mis sur une carte des marqueurs de typicité et fait un test complètement figé, s'émeut la chercheuse. Du coup, on peut démontrer que c'est conforme, mais certainement pas que le produit est de bonne qualité[4]. » Et

---

1. Entretien avec Dominique Techer, le 16 juillet 2012.
2. Entretien du 14 novembre 2013.
3. Geneviève Teil, Sandrine Barrey, Pierre Floux, Antoine Hennion, *Le Vin et l'environnement*, Presses des Mines, 2011.
4. Entretien du 31 août 2012.

cette dernière de donner l'estocade finale : « Ce n'est pas parce que la poubelle sera changée tous les jours dans votre chambre d'hôtel ou que le lit fera deux mètres sur deux que l'établissement sera bon ! Avec ce test de conformité, on ne recherche que ce qui est identique. Or le vin, c'est comme l'art, la beauté, ce n'est pas quelque chose que l'on peut prédéfinir. Ou sinon, Picasso n'existerait pas[1]. »

Les détracteurs de ces vins vous diront qu'ils ne sont pas parfaits, qu'ils sont parfois oxydés, piqués... Des arguments que Dominique Derain balaie d'un revers de main : « Vous avez déjà vu une jolie femme qui n'avait pas de défauts ?, ironise le vigneron. Et puis, nous avons notre clientèle, on vend même nos vins plus cher que les autres, alors pourquoi l'administration ne nous fout-elle pas la paix[2] ? »

Retour à Bordeaux, dans un magasin qui vend des produits œnologiques. Au-dessus de la porte d'entrée, une affiche : « Filtrez vos vins, pas vos profits ! » La vendeuse, assise derrière son guichet, est un rien neurasthénique. « Il y en a des produits, hein ! Heureusement qu'on ne regarde pas trop ce qu'il y a sur l'étiquette de toutes ces boîtes, sinon on ne boirait plus de vin ! »

D'ailleurs, justement, comment se fait-il que sur les étiquettes de nos vins il n'y ait pas la liste des ingrédients utilisés ? Tous les additifs sont aujourd'hui listés sur les produits agroalimentaires. Pas sur le vin ! Une fois encore, c'est Pascal Chatonnet, directeur du

---

1. *Ibid.*
2. Entretien du 21 mai 2013.

laboratoire Excell, qui met les pieds dans le plat :
« Si on le met sur vos barquettes de pieds de cochon,
pourquoi ne le ferait-on pas dans le vin ? », et ce
dernier de rire sous cape : « C'est sûr que si l'on
obligeait les viticulteurs à fournir la liste de tout ce
qu'il y a dans leurs vins, cela en obligerait certains à
restreindre drastiquement les adjuvants œnologiques
qu'ils utilisent ! Je ne vois pas comment, sinon, ils
pourraient s'en sortir ! Leur étiquette ne serait jamais
assez grande[1] ! »

---

1. Entretien du 28 février 2013.

25.

Mon royaume pour un copeau

C'est un grand homme très mince qui semble tout droit sorti d'un autre temps. Il est d'une élégance surannée qui fleure bon la naphtaline. Ses cheveux teints d'un noir corbeau virent au roux sur les tempes, comme ceux de tous ces gentlemen qui n'acceptent pas leur âge. Il est civil mais angoissé. Il sait bien que son métier est toujours perçu avec suspicion. Jean-Luc Moro vend des produits œnologiques, justement. De toutes les sortes, de toutes les formes, de toutes les marques, de tous les packagings. Mais ce dont il est le plus fier, ce sont ses palettes de copeaux. Le technicien se félicite que 2013 ait été une merveilleuse année pour cet inégalable produit. « Ce sera un cache-misère parfait pour ces vins maigres attaqués par le botrytis. Ils donneront de la rondeur à ces jus un peu trop acides et insuffisamment mûrs[1]. »

Si les ventes de copeaux font florès les mauvaises années, elles fonctionnent également à merveille, les bonnes. L'homme se frotte les mains en parlant de ce petit business si lucratif. « Il faut reconnaître,

---

1. Entretien du 21 octobre 2013.

243

ronronne-t-il, que depuis leur autorisation par la Commission européenne en 2006[1], il n'y a jamais eu que des bonnes années pour les copeaux[2] ! » Et ce dernier de vanter les mérites de ces quelques millimètres de bois qui, trempés dans les cuves, permettent d'aromatiser les vins à l'envi. Mais c'est quand il aborde leurs nuances subtiles, les différences de goût, qu'il devient intarissable. « Il y a les toastés, les non toastés, les chips[3]... »

« Un vin avec du bois est toujours meilleur qu'un vin sans bois : c'est le b.a.-ba, s'enflamme Jean-Philippe Fort, notre œnologue scientiste. C'est une épice ! Trop, ça tue le produit, mais pas assez, c'est moins bon[4]. »

Parce que, attention, on n'utilise pas le copeau par caprice. Non, il s'agit presque d'un sacerdoce du goût. « On ne coupe pas des forêts par plaisir, tempête Jean-Philippe Fort, revêtant pour l'occasion son habit écolo. On s'est juste aperçu que le chêne a un effet très positif sur la qualité des bons comme des mauvais vins[5] ! »

Bien entendu, il y a bois et bois. Barrique et copeaux. Le luxe, c'est le fût de chêne. Une mode qui a, tout au plus, une trentaine d'années. « À cette époque, on s'est aperçu que pour faire de grands vins, il fallait mettre de jolis costumes, c'est-à-dire des barriques

---

1. Ils sont autorisés par le règlement n° 2165/2005 de la Commission européenne du 20 décembre 2005.
2. *Ibid.*
3. *Ibid.*
4. Entretien du 20 mars 2013.
5. Entretien du 19 juin 2013.

neuves[1] », s'enhardit Jean-Philippe Fort. Las, tout le monde ne peut pas se payer ces luxueux contenants tant ils sont chers. « Avec Valandraud, notre premier grand cru classé, nous sommes les plus gros acheteurs de la rive droite, explique Jean-Luc Thunevin. Non que nous soyons les plus riches, mais nos clients sont habitués à ce que notre vin ait le goût des barriques de luxe. Un goût qui a évolué au cours des années et qui est beaucoup plus léger et élégant aujourd'hui qu'il ne l'était hier. Le budget que cela représente ? 300 000 euros chaque année[2]. »

Petit à petit, le palais des consommateurs s'est habitué au goût boisé. Notamment grâce (ou à cause) du déferlement sur nos marchés des vins créés par les œnologues du Nouveau Monde. Ces derniers ne se posaient pas toutes les questions « métaphysiques », pour reprendre l'expression de Jean-Philippe Fort, que les Français pouvaient se poser à l'époque. Ils constataient juste que les consommateurs étaient friands de ce goût rond, sucré, apporté par le bois. Pourquoi, dès lors, dépenser des sommes folles et un temps infini pour que le vin, peu à peu, s'imprègne du goût du bois ? Mieux valait prendre le taureau par les cornes, et le bois par les copeaux, et les faire infuser directement dans les cuves comme on le ferait de sachets de thé. Ces petits vins du bout du monde ont débarqué dans nos contrées à des prix défiant toute concurrence. Et comme, dans le même temps, Robert Parker, le plus chevronné des critiques, est devenu le cador du milieu, et qu'il se trouvait qu'il

---

1. Entretien du 20 mars 2013.
2. Entretien du 20 mars 2013.

aimait les vins boisés... Les œnologues ont commencé à nous les servir à toutes les sauces. Trépignant d'impatience pour pouvoir assaisonner les petits vins de ces sacro-saints copeaux. Le sésame, pour le boisé des petits crus. Très vite, le copeau est devenu la barrique du pauvre.

« Il ne faut pas le diaboliser », s'emporte Jean-Philippe Fort. D'ailleurs, ne pas dire « copeau », mais « produit alternatif ». Comme on ne dit pas « pesticide », mais « produit phyto-pharmaceutique ». Ça fait moins peur et surtout c'est plus chic.

« Alternatif, parce qu'il ne faut pas rêver, sermonne Jean-Philippe Fort, le monde de la barrique dans la consommation mondiale de vins, c'est 2 à 3 %. On est dans les top wines, mais par contre, pour les vins entre 2 et 5 euros, on ne peut pas se le permettre. »

Et soudain, presque moralisateur : « Il ne faut pas se voiler la face. Tout le monde ne peut pas rouler en Ferrari, ou manger du poulet de Bresse qui a couru pendant des mois. Le bois, c'est comme le reste : il y a des yaourts aromatisés et des yaourts aux fruits. Et ce n'est pas parce qu'on donne aux gens des yaourts aromatisés qu'on les empoisonne. On ne peut pas nourrir toute la population mondiale avec des trucs naturels. Il faut arrêter de rêver[1] ! »

En clair, il y a les barriques pour les riches, et les copeaux pour les autres. Et n'en déplaise aux contestataires du goût, désormais nos œnologues sont bien décidés à abandonner la poésie aux poètes pour pouvoir faire, à leur guise, ce qu'ils appellent avec leur tact habituel des vins de marché.

---

1. Entretien du 19 juin 2013.

Fini le temps de la patte du vigneron, bonjour celui, merveilleux, des alternatifs. Ceux qui s'en offusqueraient ne sont que d'horribles rétrogrades refusant tout à la fois la modernité et les lois de l'économie. « Faut assumer ! Pourquoi tout refuser en bloc ? Pourquoi se cacher ? Il y a un marché pour ça. On est là pour gagner notre vie[1] ! »

Surtout, ne pas mélanger les torchons et les serviettes, car même dans l'univers de l'alternatif, on a ses hiérarchies et on y tient. En bas de l'échelle gustative, le copeau, ou la chips, un petit truc de 2 millimètres trempé dans un sac pour infuser les vins rapidement. En haut de l'échelle, le stave, une planche de bois censée rester plus longtemps dans les cuves. Or plus on infuse longtemps, plus le goût du bois a une chance de tenir... En clair, le copeau, ça marche, mais pas longtemps. C'est pour cela d'ailleurs que c'est moins cher.

« C'est très bien les copeaux, ajoute avec une pointe d'ironie Stéphane Derenoncourt. Ça en jette, comme une femme très maquillée. Mais le matin seulement, parce qu'en fin de journée, c'est généralement beaucoup moins bien[2]. »

Dominique Derain, ce paysan bourguignon rétif aux excès de la modernité, goûte peu lui aussi cet engouement récent. Il connaît bien ce monde, pourtant, puisqu'il a été tonnelier dans une première vie. Aussi s'amuse-t-il d'entendre les jeunes sommeliers d'aujourd'hui lui dire, un rien péremptoires, que le goût de telle ou telle prestigieuse appellation bour-

---

1. *Ibid.*
2. Entretien du 25 octobre 2013.

guignonne, c'est le chêne. « Cette histoire de bois, ça n'a pas plus de trente ans. Avant 1975, on n'utilisait pas de fût de chêne en Bourgogne, mais du châtaignier ! » Et ce dernier de se souvenir avec nostalgie que lorsqu'il travaillait ses barriques, il mettait de l'eau chaude dedans pour faire « cracher les mauvais tanins », en clair, pour ne pas garder le goût du bois. « C'est une hérésie : on oublie le vin et le boisé prend le dessus. Moi je préfère le goût du vin à celui du bois. Mais chacun son goût[1]. »

Le vigneron se remémore avec malice une dégustation de saké à Beaune. Il y croise toute l'intelligentsia des appellations les plus prestigieuses de Bourgogne, et notamment un viticulteur réputé et très amateur du goût boisé. « Il vient me voir, et me dit : "C'est marrant, sur le saké, on sent bien le goût du chêne". Je lui ai répondu : "Oui, c'est comme pour les vins[2] !" »

Il faut croire que quand on l'aime, on ne sent même plus le goût de ce merveilleux ajout.

---

1. Entretien du 21 mai 2013.
2. Entretien du 13 septembre 2012.

Conclusion

Et c'est ainsi que les portes du royaume se referment sur ce petit monde qu'il héberge, où la cruauté le dispute à l'élégance et le raffinement à la férocité. Car les roueries du milieu ne doivent pas éclipser le génie des lieux et la beauté du geste de ces vignerons.

Il fallait les voir souffrir dans leur chair, durant cette année 2013 qui leur a rendu la vie si rude avec ces pluies sur la fleur, cette grêle sur la naissance du fruit et ces vendanges si douloureuses, pour comprendre l'attachement viscéral de ces hommes à leur vin.

Et le sacerdoce de vies dédiées à la qualité des grands crus classés.

Car derrière la majesté de la robe, le cachemire du toucher, la souplesse des tanins, ce sont de longues heures de labeur.

C'est pour cela, au fond, qu'il suffirait de presque rien pour que cette merveilleuse principauté devienne un paradis. Et qu'enfin ce petit empire du vin soit dans les clous des lois de la République et puisse se prévaloir d'une certaine éthique.

Quelques réformes de bon sens qui, en outre,

présenteraient l'avantage de ne pas coûter un sou aux contribuables.

La première d'entre elles serait de rendre à notre gendarme de carton-pâte qu'est l'INAO ses lettres de noblesse.

Quelle merveilleuse idée, pourtant, que cette institution censée veiller sur la qualité et le respect de nos terroirs de France ! Oui, mais voilà, désormais aux mains de quelques-uns, elle fait sa loi dans les vignes, ou plutôt subit celle du plus fort et la répercute sans pitié sur les plus faibles.

Pourquoi ne pas en finir avec les conflits d'intérêts incessants de ce quasi-service public ? Et enfin le restaurer dans l'indépendance qu'il mérite ?

Par ailleurs, comment est-il possible qu'en ces temps si friands d'écologie et si prompts à dénoncer les risques, le vin puisse jouir d'une pareille impunité en matière de pesticides, le faisant ainsi échapper aux règles qui régissent tous les autres mets ?

Ce divin breuvage sortirait pourtant grandi d'afficher la couleur des produits phytosanitaires et œnologiques utilisés pour sa fabrication.

Qui sait ? Peut-être que de se soumettre à un étiquetage précis, à un peu plus de transparence, couperait à nos vignerons l'envie d'en user ?

Et qu'enfin ce merveilleux village gaulois et ses chefs talentueux pourraient, unanimes, se vouer à la résistance contre un goût standardisé et à la défense de nos chers terroirs hexagonaux.

Ceux-là mêmes qui ont fait leur grandeur.

Remerciements

Je voudrais ici remercier tous ceux qui m'ont entrouvert la porte de cette principauté, qui m'ont introduite à la Cour, m'ont aidée à décrypter les us et coutumes de ce cénacle. Et sans qui je serais restée aux frontières du royaume. Des outsiders devenus des hommes et des femmes du milieu mais qui n'ont pas oublié la difficulté d'en être et ont conservé un regard amusé sur ce fief enchanté. Je pense notamment au consultant Stéphane Derenoncourt, ce chti austère au caractère bien trempé, ainsi qu'au bad boy de Saint-Émilion, Jean-Luc Thunevin, et à son épouse, Murielle Andraud. Leurs éclairages ont été précieux.

Puis il y a ceux qui, au départ réticents, se sont laissés tenter par l'aventure ! Et qui se demandent aujourd'hui, un peu inquiets, le traitement qui leur a été réservé. C'est le cas de Michel Rolland, gourou des vins échaudé par le film de Jonathan Nossiter, du consultant Jean-Philippe Fort, de Pierre Lurton, le patron d'Yquem et de Cheval Blanc, de l'aristocrate pince-sans-rire Stephan von Neipperg, et des critiques James Suckling et Jean-Marc Quarin.

Il y a encore ceux qui ont répondu avec enthousiasme à mon appel, comme Hubert de Boüard ou Alain Raynaud, et qui désormais semblent le regretter un peu…

Il y a aussi tous ceux que je ne peux citer, puisqu'ils m'ont fait promettre de taire leur identité, mais qui m'ont dévoilé les rouages du milieu et qui, telles d'imperturbables vigies, préfèrent rester dans l'ombre pour continuer leur ouvrage.

Il y a ceux qui ont osé briser la loi du silence et exposer, sans fard, les coutumes cachées du sérail, comme Dominique Techer, vigneron paysan du plateau de Pomerol, et Pascal Chatonnet, patron du laboratoire Excell, ou encore le Bourguignon Dominique Derain.

Il y a tous ceux qui livrent bataille dans leur région et qui m'ont fait partager leur expérience et leur connaissance des dossiers : Pierre Carle et sa fille Lucile, Hubert Boidron, Sylvie Giraud, Aline Guichard...

Il y a enfin mon éditeur, Alexandre Wickham, qui m'a fait comprendre combien il était crucial d'allier l'élégance du geste à la force et parfois à la rudesse de la démonstration.

Et pour finir, tous ceux qui ont bien voulu répondre à mes mails.

À tous, un grand merci.

Table

Composition Nord Compo
Impression CPI Bussière, mars 2014
à Saint-Amand-Montrond (Cher)
Éditions Albin Michel
22, rue Huyghens, 75014 Paris
www.albin-michel.fr
ISBN : 978-2-226-25479-5
N° d'édition : 20494/02. – N° d'impression : 2009030.
Dépôt légal : mars 2014.
Imprimé en France.